归零

归零思维再造企业

高宏斌 著

 中国商业出版社

图书在版编目（CIP）数据

归零：归零思维再造企业 / 高宏斌著 . -- 北京：中国商业出版社，2022.10

ISBN 978-7-5208-2197-1

Ⅰ. ①归… Ⅱ. ①高… Ⅲ. ①企业管理—研究 Ⅳ. ① F272

中国版本图书馆 CIP 数据核字（2022）第 155129 号

责任编辑：黄世嘉
策划编辑：王 彦

中国商业出版社出版发行
（www.zgsycb.com 100053 北京广安门内报国寺 1 号）
总编室：010-63180647 编辑室：010-63033100
发行部：010-83120835/8286
新华书店经销
北京虎彩文化传播有限公司印刷

* * * * *

787 毫米 ×1092 毫米　　16 开　　16 印张　　240 千字
2022 年 10 月第 1 版　　2022 年 10 月第 1 次印刷
定价：59.80 元

*****

（如有印装质量问题可更换）

在济南为企业家讲授《归零管理》

在青岛为企业家讲授《归零管理》

在成都为企业家讲授《归零管理》

在临沂为企业家讲授
《企业管理体系搭建与落地》

在西安为企业家讲授
《归零管理》

在临沂为企业家讲授
《管理落地与领导力修炼》

在郑州为企业家讲授
《管理理念与经营哲学》

在深圳为企业家讲授
《企业管理及企业权益保护》

受聘为临沂科技职业学院
客座教授

为临沂科技职业学院
师生授课

为山东交通技师学院师生授课

为农业产业化龙头企业——沙沟香油集团开展咨询辅导

为青岛立昌达国际供应链开展咨询辅导

为中国民企500强——东营神驰化工集团开展财务辅导

序言一

那是一个宁静的午后，
洛阳城外，
阳光透过树梢洒满林间。
远道而来的孔丘和他仰慕已久的李耳，
做了最后一次交谈。
年轻的孔丘滔滔不绝，
既慷慨，又坦诚。
讲述了他对时下风气的焦虑和疑惑，也表达了他对理想社会的强烈渴望。
李耳只是听着，
不置可否。
临别之时，李耳终于打破沉默，
说道："仁人者送人以言。"
他缓缓地送给孔丘一段话，这段话的意义直到多年以后，孔丘才会真正领悟。
二人执礼作别，此刻他们心中都已明白，今生今世，这样的对话不会再有。
李耳注视着孔丘渐渐远去。
有一瞬间，他感觉到那个年轻的客人仿佛走进浩瀚星空。
清风徐来，
李耳长久伫立在洛阳城外，
一动不动。

这是发生在两千多年前的一段令人遐想无限的故事，那遥远而又清晰的光芒，一直照耀到今天。

这是湖南卫视史诗巨制——《中国》中孔子问道于老子的情景。

周游列国归来，孔子提出"有教无类"，结束了受教育的权利只有贵族才可以享有的历史，从此，仁、义、礼、智、信，流传万古，成为至圣先贤。

天不生孔丘，则万古如长夜。

孔子的老师是老子，圣人都有困惑，何况常人乎？

这让我想起了柏涵管理咨询的高总，他经常来到上海，和我探讨他为企业家做咨询辅导的事情，讲述企业家的艰难与困惑。我被高总对咨询事业的执着、对客户负责任的态度、对服务质量精益求精的精神打动。他总是站在客户的角度，对客户的困难感同身受，他总是不断地寻求更高的理论、更好的方法为客户解决实际问题。高总为人真诚、厚道，没有刻意包装，他们团队做咨询辅导的老师们也很专业。几年来，高总服务的企业遍布全国各地，柏涵管理咨询的口碑越来越好，知名度也越来越高。

哲人说："20 世纪人类最伟大的发明是有限责任公司。"有限责任公司的出现，推动了人类社会飞速发展。但是企业的管理问题随之而来，成了制约企业发展的核心问题。为了解决这一社会问题，很多大学都设有经济管理学院，开设了工商管理、人力资源管理、物流管理、财务管理等专业，专门培养管理人才。世界各国也出现了诸如麦肯锡（McKinsey）、波士顿（BCG）、德勤（Deloitte）等咨询企业，为企业提供专业咨询服务。

高总多次谈到他在企业管理和咨询辅导过程中总结出来的归零思维，以及运用归零思维推行的归零管理。喜闻高总将归零思维写成了书，我第一时间进行了阅读。此书主题鲜明，立意新颖，内容全面且自成体系，兼具指导性与实用性。全书共分为三部分：

第一部分为归零思维的理论概述，作者通过归零思维的哲学思考、数学中"0"的发现、归零思维在生产型企业和服务型企业中的运用实例等，对归零思维做了阐述，以便读者理解和运用。

第二部分为归零思维的管理实践，重点讲解了如何运用归零思维搭建企业管理体系、提升员工绩效、打造企业文化，是归零管理的落地方法，其中所列举的案例非常贴切，具有很强的指导意义。

第三部分为管理实务和实操工作要点，重点讲解了如何运用归零思维做好企业管理实务中合同管理、资产管理、财务管理等的各项具体管理工作，是操作指南。

本书语言平实，把高深的管理理论，用简单易懂的语言进行讲述，使读者在工作之余随意翻开此书，就能轻松地与作者进行对话，书中所提供的管理思路和方法也能直接运用于企业经营实践，随学随用，读起来不累，用起来方便。

在国家政策越来越科学、监管越来越有序、社会诚信体系越来越完善的大背景下，企业如何规范运作，是每位企业家不得不面对的问题。企业负责人应重视管理、做好管理，运用此书提供的管理理论和管理手段，全面规范企业管理，增强企业抗风险能力，为企业跨越发展积蓄力量。

胡耀宗　管理学博士、教授
华东师范大学教育管理系主任
中国教育经济学研究会常务理事
中国教育管理学研究分会常务理事

序言二

归零思维让企业走得更稳更远

有幸受高宏斌先生的邀请为他的新书作序,高先生是管理咨询界有影响力的实战落地专家,也是我的好友,长期为企业提供管理体系搭建与落地辅导,我们经常一起探讨企业管理问题。

当今时代,日新月异,新产品、新服务、新商业模式层出不穷,大众创业、万众创新,我们正处在中华民族伟大复兴的历史时刻。

然而,经营企业就像在大海中航船,暗流涌动,瞬息万变,您将面临一次次未知的风险与挑战。

当您的企业经历了艰苦的创业阶段,进入了平稳航行时期,此时新的问题、新的困难蜂拥而至。流程不顺、制度不全、质量下滑、人员流失、财务不准、职责不清、法律纠纷不断……这一切使您深陷其中,无法自拔。

不论企业是什么商业模式,都存在人员管理、采购管理、销售管理、成本管理、仓储管理、财务管理、企业文化、战略管理等问题,只要开公司,就存在管理制度、人员绩效、业务流程、岗位职责等问题。不论市场前景和商业模式多么好,但是管理不好,企业也无法经营。

有资料显示,目前在全国工商系统注册的企业已经超过了 1 亿家,但是小微企业的平均寿命只有 18 个月,中小企业的平均寿命只有 5 年,企业寿命为什么这么短,主要原因是管理跟不上,导致企业负责人困在内部管理中而无暇顾及企业战略。

要解决好企业的管理问题，我们不能"头痛医头，脚痛医脚"，而是要在科学的管理理论的指导下，运用科学有效的管理方法，在符合法律法规和各项规章制度的前提下，系统地开展管理工作。

本书从归零思维的理论开篇，以管理实践为重点，以管理实务和实操工作要点为主要内容，兼具管理的道、法、术，是管理理论到实践落地的一个过程，有理论、有方法、有操作指南，具有"有高度但很实用"的特点。

在本书的第一部分归零思维的理论概述方面，作者通过物资管理和工作计划管理总结出了归零思维，并用归零思维，提升了生产型企业和服务型企业的管理水平和经营业绩，充分证明了归零思维来源于实践但高于实践，有非常强的指导意义和实用价值。

本书的第二部分是归零思维的管理实践，作者深入阐述了如何运用归零思维搭建企业管理体系，提升团队效率，打造企业文化，设置组织架构、部门职责、岗位职责、绩效考核、管理制度和业务流程等。内容涵盖管理工作的所有环节，帮助读者一一厘清各个管理节点的障碍，是归零思维的价值挖掘和深度应用，为读者提供了完善的使用方法。

本书的第三部分是管理实务和实操工作要点，作者详细列举了管理工作中的风险点和核心点，帮助读者全面解决管理工作中的高频疑难问题，内容包含合同管理、固定资产管理、存货管理、采购管理、成本管理、费用管理、账款管理、工程管理、财务管理以及企业风险防控等各个方面，是归零思维的全面落地，为读者提供了操作规程和使用指南。

本书的第一大特点是体例好，一般的管理书籍，有的只有管理思想，有的只有管理方法，还有的只是管理用的制度、流程、表单等。而高总的这本书，是以归零思维为起点，讲解了归零思维如何运用，如何落地，包含了思想、方法和实务。所以，本书可以称之为"一种管理思想及其运用方法的书"，有理论高度，有实用价值。

本书的第二大特点是通俗易懂。本书的案例都来自企业经营实际，而且大部分企业都遇到过书中提到的问题，企业家通过阅读此书，就找到了解决本企业问题的思路和方法，容易引起共鸣。此书用语平实，案例浅显，比较接地气，但是道理深刻，让读者能看懂，读起来不累，也不枯燥，只要一拿起来，就想一口气读完。

企业家经常参加各种培训，但是学到的理论和落地执行有一段距离，有的理念回到企业不一定能用得上，企业发展过程中制度问题、流程问题、架构问题、人员问题、财税问题都很难解决。

与高先生在多年的交往中，每次探讨经营管理的深层次问题都被他的专业能力和专业精神所折服。几次遇到高先生辅导过的企业家，在交谈中，企业家们对高先生的用心和执着所感动，他们常说："是高先生和他的团队帮我度过了企业管理最艰难的日子，不与高先生继续深入合作，都对不住他的辛苦付出。"作为管理咨询师，很难得到企业家这样的评价。我想这样的人，写的书对企业家的帮助一定会很大。

你若在企业经营过程中遇到难题，不妨打开此书，与作者一起探寻解决之道，我相信此书一定能为您提供思路引领和实操指导，使您"山重水复疑无路，柳暗花明又一村"。

孟　森

临沂市职业经理人协会会长

山东信尔建材科技有限公司总经理

高级营销师、高级人力资源管理师

前　言

多年以前，我在工作过程中总结出了归零思维，并运用归零思维解决了工作中遇到的很多难题。后来，我创立了柏涵管理咨询，致力于为企业提供管理咨询服务。在为企业提供管理咨询落地辅导的过程中，我和我的团队运用归零思维为多家企业实施了归零管理，均取得了很好的效果。

在为企业提供管理咨询落地辅导的过程中，我发现中小企业普遍存在架构混乱、职责不清、制度不全、流程不顺、财务不准、法律纠纷频发等问题，企业家苦于找不到解决方法，而到处去学习。但是企业的经营是微观经济，管理问题是具体问题，要从细节入手。企业家花巨资去学习培训，听到的大多是"黑天鹅""灰犀牛""猪会飞""这模式""那模式""听懂掌声"之类的演讲，在会场上激情澎湃，回到企业一筹莫展，企业管理该是怎样还是怎样。

很多企业的中高层管理者，喜欢高谈阔论，经济、政治、人文无所不知，喜欢对宏观经济发表各种见解，但是对企业的战略、业绩、客户、产品、流程等，却总讲"大概""也许""可能"……"纸上谈兵"容易，战场上真刀真枪地去干就没那么简单了。

企业的经营是由一件件的小事构成的，把小事解决好了，就没有大事了，要求经营及管理者要聚焦再聚焦，细微再细微，而不能不着边际，大而化之。管理是一门学问，也是一个苦差事，需要我们静下来研究，见微知著，"魔鬼"存在于细节中。

企业家都是社会精英，都具有强大的能力和超过常人的耐力，大多数企业家为了企业发展日夜操劳。我在开展咨询辅导的过程中，有很多企业家从见到我的那一刻起，就滔滔不绝地把企业存在的矛盾、纠纷讲给我听。他说完后放松下来了，我晚上却失眠了。

有时候也经常遇到年轻的创业者，他会充满激情地告诉我说："高老师，我有一个很好的商业模式，保证企业3年就能上市。"每当此时，我除了鼓励他，却没有了更好的建议，因为我见到了太多企业因管理不善而倒闭的事实。

大家可能都压力太大了，总想着飞速发展，却忘了"万丈高楼平地起""根深才能叶茂"的道理了。稻盛和夫先生说："眼睛可以眺望星空，但是双脚却必须站在地上。"

我在和企业家交流的时候，经常问：企业的战略清晰吗？企业的架构合理吗？部门和岗位的职责是什么？流程是怎样的？客户是怎样维护的？质量是怎样控制的？安全是如何保障的？财务风险是如何防控的？等等。很多企业家一脸茫然，甚至有的企业家会说："我那么忙，哪里有时间管这些呀。"

每当此时，我就感到非常着急和担忧，就算我们马不停蹄地为企业辅导，这一生能服务多少企业呢？

于是，我有了将归零思维写成书的想法，以帮助更多的企业运用归零思维，推行归零管理，让更多的企业掌握精、细、实、快的管理方法。在创业之初，我就为柏涵管理咨询确立了助力企业转型升级、服务国家强国战略的企业使命，传播管理思想和方法，也是我和企业的使命。

归零思维是我从企业实际经营和管理咨询落地辅导的实践中总结出来的，并结合哲学、数学等学科做了论证，证明了归零思维的正确性和实用性。

本书共分为三部分。第一部分为归零思维的理论概述，因为归零思维作为一种思维方式，比较抽象，很难具体描述，我就通过归零思维的哲学思考、数学中"0"的发现、归零思维产生的过程、归零思维在企业经营及日常生活中的应用等不同角度做了阐述，以便读者更好地理解。第二部分为归零思维的管理实践，重点结合企业管理咨询落地辅导过程中遇到的真实案例，讲解了在企业管理中如何运用归零思维搭建管理体系、提升团队绩效、打造企业文化，是归零思维在企业管理实践中如何运用的落地指导。第三部分为管理实务和实操工作要点，重点讲解了如何运用归零思维做好企业管理实务中的合同管理、资产管理、存货管理、成本管理、采购管理、销售管理、财务管理、工程项目管理等日常管理工作，是归零思维在管理实践中如何落地的操作方法和行动指南。

因为归零思维是一种思维方式，很抽象，为了方便大家理解，我在写作本书的过程中一直坚持简单、易懂、能用上的写作原则，在用词上也比较平实，让读者一看就懂，读起来不累，也不枯燥。这和我们平时做管理咨询辅导时的指导思想是一致的。

归零思维是一种思维方式，来自经营实践，通过在企业辅导落地过程中不断地研讨、反复地试验，总结、提炼出来的一种管理思想和方法，是一种管理哲学。爱因斯坦曾经说："如果我们始终停留在造成问题的思考层面上来解决问题，那么这些问题永远也得不到解决。"新加坡前总理李光耀在《我对这个世界的看法》这本书中写道："发生问题时要尽快找到解决问题的办法，及时解决问题，但是之后要思考这个解决办法蕴含的哲学依据。"要解决管理问题，我们不但要有管理的技术、管理的方法，还要明白管理背后的道理，所以，本书的第一部分归零思维的理论概述就是管理的"道"；第二部分归零思维的管理实践就是管理的"法"；第三部分管理实务和实操工作要点就是管理的"术"，是管理理论到实践落地的一个过程，有理论、有方法、有操作指南，符合"有高度但很实用"的管理逻辑。

归零思维是一种思维方式，我在本书中的讲解和运用，只是打开了归零思维的冰山一角，有抛砖引玉的作用。我相信读者通过本书的引导，知晓了这种思维，将会对归零思维加以深化、细化、扩大，将会不断地对归零思维进行开发、创新并利用到经营和生活的方方面面。我只是在这里种下了一粒种子，希望它将来开花结果、繁衍进化、生生不息。

企业管理是一个永恒的话题，不论企业采用的是哪种经营模式和管理手段，企业管理背后的哲学和逻辑都是永恒不变的。企业想要做到持续、规范、高效的经营，就要在科学的管理思想指导下，将企业存在的问题，在空间和时间两个维度上不断地分解、细化。只有进入细节，才能可管、可控、可提升，管理才能真正落地。愿每一家企业都能重视管理、做好管理，长期、健康、稳定的发展，成为百年企业，实现使命、奉献社会、服务国家、造福人类！

高宏斌

目 录

第一部分　归零思维的理论概述

第一章　归零思维的理论依据 / 2

什么是归零思维 / 2

归零思维的哲学思考 / 3

零的发现 / 5

归零的目的 / 6

归零思维的作用 / 7

第二章　归零思维的发现 / 10

空间归零思维的发现 / 10

时间归零思维的发现 / 13

工作安排中的时间归零思维 / 14

第三章　归零思维在管理中的运用 / 17

归零思维在生产经营型企业的运用 / 17

归零思维在服务型企业的运用 / 21

归零思维在生活中的运用 / 23

第二部分 归零思维的管理实践

第四章 运用归零思维实现全面管理 / 28

全周期管控实现管理空档期归零 / 28

全方位管控实现管理盲点归零 / 30

企业管理体系设计的基础思维 / 32

企业管理体系设计要明确的几个关键问题 / 34

运用归零思维设计管控体系 / 38

第五章 运用归零思维打造高效团队 / 42

退路归零全体向上 / 42

环境归零激活新生 / 46

运用归零思维建立规则体系 / 50

运用归零思维防范员工做私单 / 52

第六章 运用归零思维打造企业文化 / 56

企业文化概述 / 56

企业文化的主要内容及功能 / 59

确定企业使命的方法 / 63

确定企业愿景的方法 / 66

确定企业核心价值观的方法 / 69

运用归零思维搭建全面企业文化体系 / 73

第七章 运用归零思维搭建管控体系 / 78

组织架构设计 / 78

部门职责设计 / 87

岗位职责设计 / 99

绩效考核设计 / 104

管理制度设计 / 110

业务流程设计 / 124

第三部分 管理实务中的工作要点

第八章 企业管理问题归零诊断及改进 / 138

合同管理问题归零诊断及改进 / 138

固定资产管理问题归零诊断及改进 / 147

无形资产管理问题归零诊断及改进 / 149

存货管理问题归零诊断及改进 / 153

采购管理问题归零诊断及改进 / 157

成本费用管理问题归零诊断及改进 / 161

销售管理问题归零诊断及改进 / 168

其他方面问题归零诊断及改进 / 171

第九章 企业重点事项管理规范 / 174

应收款项管理规范 / 174

货币资金管理规范 / 181

工程项目管理规范 / 186

财务报告管理规范 / 193

经营分析管理规范 / 197

财产清查管理规范 / 201

会议管理规范 / 213

第十章 企业管理风险归零防控 / 217

企业管理风险归零评估 / 217

企业风险三级防控 / 219

后　记 / 222

参考文献 / 225

附　录 / 227

第一部分

归零思维的
理论概述

第一章　归零思维的理论依据

什么是归零思维

数字"0"为什么用一个圆圈来表示？我认为数字"0"代表着圆满，好比一单生意，所有的交易环节都结束了，所有的过程都执行完成，变成数据资料存在于您企业的账务里，就是这个业务的归零。

所谓归零，就是趋向"零"、靠近"零"、到达"零"的状态。所谓归零思维，就是在工作中、生活中，所具有的趋向"零"、靠近"零"、到达"零"的一种指导思想和思维方式。因为"零"在一定程度上代表了"无""圆满""结束"，所以，归零思维的本质就是"圆满""到达""结束"，在"圆满""到达""结束"的基础上，进入下一个节点、阶段和高度，从而得到升华。

归零思维在哲学层面包含空间上归零和时间上归零两个维度，和传统的哲学思维一致。

在现实生活中，归零思维其实无处不在，只是我们没有有意识地去总结、提炼、升华。比如，一个农场的麦子熟了，需要收割，把麦子全部收割入库，做到"颗粒归仓"，即不存在任何一颗未收割的麦子，那么这种状态，就表示收割麦子这个事件的归零。再比如，要清理一个仓库，只有把仓库里面的物品全部清理干净了，库存数量为零的时候，就表示清理仓库这项工作达到了归零状态。

以上两个例子，都是空间上的归零。那么，时间上的归零如何理解呢？

关于时间的归零，就是通过对一个时间段落的不断切割，使时间段落变得越来越小，到达"极其可控"，或者可以理解为到达"当下"状态。比如，要建一个100层的高楼，计划工期10年，那么要完成这项工程，就要把10年计划，分割为年度计划，把年度工作计划分解到月，把月工作计划分解到日，把日工作计划分解到时，把时工作计划分解到分，把分工作计划分解到秒，把秒工作计划分解到毫秒，直至无限的划小。直到时间段落趋向于"零"，到达"当下"的可控，最终达成10年的目标。

那么，在现实生活中，怎么才能把时间分解到这么小呢？这可能吗？在这里，归零是一种思维方式。如果你用同样的思维方式去思考控制火箭的发射、光的传播、电子信息的传播等，就更容易理解了。因为空间的大与小，时间的长与短都是相对的，只有"零"是绝对的，但是思维方式是一致的。

所以，归零思维也可以理解为：通过对空间和时间的无穷分解，将空间因素和时间因素相结合，以实现绝对可控，最终达到完美状态。

归零思维的哲学思考

我们知道，万事万物都在自然规律的支配下运行，无一例外。老子说："道可道，非常道。"意思是说，万事万物背后的规律都是难以言说、难以名状的，人类只有通过对事物运行规律的不断探究，才能总结万物运行背后的逻辑。而企业管理这门学问，也有其背后的逻辑。

在人类社会不断发展的过程中，产生了哲学，我们把事物发展变化背后的基本逻辑称为"哲学"，任何事物发展过程中，都有其内在哲学。而在众多的哲学思考和研究中，首先被人类意识到并作为长期研究话题的就是空间和时间，因为没有空间就没有事物赖以生存的基础，没有时间就没有事物产生发展变化的条件。

不论古圣先贤还是近现代的科学家是如何研究空间和时间的，不论是从一个小小的原子到无穷无尽的宇宙，人类文明是随着对空间和时间认知的扩展和深入，在不断发展的。

庄子在《逍遥游》中说："北冥有鱼，其名为鲲。鲲之大，不知其几千里也；化而为鸟，其名为鹏。鹏之背，不知其几千里也；怒而飞，其翼若垂天之云。是鸟也，海运则将徙于南冥。南冥者，天池也。《齐谐》者，志怪者也。《谐》之言曰：'鹏之徙于南冥也，水击三千里，抟扶摇而上者九万里，去以六月息者也。'"这就是庄子对于空间的感知。

庄子接着说："朝菌不知晦朔，蟪蛄不知春秋，此小年也。楚之南有冥灵者，以五百岁为春，五百岁为秋；上古有大椿者，以八千岁为春，八千岁为秋，此大年也。"这就是庄子对于时间的感知。

德国古典哲学创始人康德说："世界上唯有两样东西能让我们的内心受到深深的震撼，一是我们头顶浩瀚的星空，一是我们心中崇高的道德法则。"这就是康德对空间的感知和对人的思想的感知。

不论人类怎样去认识世界，但是对于时间和空间的认识，则是人类永恒的话题，也是研究哲学，首先要思考的问题。在笔者看来，人类的任何行为都是为了对空间或者时间进行改变。事物之间空间和时间的差异总和，构成了两者之间的价值差异。

辩证唯物主义首先承认世界是物质的，物质决定意识，物质是运动的，运动是有规律的。因为物质的存在需要空间，物质的运动需要时间，所以在研究事物的发展变化的时候，首先要想到的就是空间和时间。

那么，说到归零思维，首先就要从空间的归零和时间的归零进行思考。

所有事物的发展变化离不开空间和时间，企业的经营发展自然也离不开空间和时间，所以本书以空间和时间为主线，阐述管理中如何运用归零思维来提高管理水平和经济效益。《吕氏春秋·大乐》中也提到，懂得有看不见的物体、听不到的声音、没有形状的物质的人，就是接近懂得"道"了。

零的发现

数学中 0 的发现晚于其他数字。

零的发现是一个漫长的历史过程。曾经有这样一个例子：

一个人原来有七只羊，他用三只羊换了玉米，三只羊分别给了三个女儿做嫁妆，一只羊不知道丢哪儿了。他还剩多少只羊？

如今，这个问题不难回答，但奇怪的是，在历史上很长一段时间，人类并无相应的数学方法来回答这个问题。有证据表明，人类的计数历史可以追溯到 5000 年前，但是关于"无"的数学概念——"零"存在的时间也不超过 2500 年。

在人类最初发明的数字里，是没有 0 的，现在 0 这个数字我们每天都会遇到，也很容易被大家所接受，可是在数字刚开始被发明出来时，0 这个数字被人们所接受，却经历了一个漫长的过程。

因为数字在最初是用来计数的，有一个可以计作 1，有两个可以计作 2，有三个可以计作 3，而"没有"是不用计量的。比如，古罗马人就认为，一个代表什么都没有的数字，能有什么意义呢？即使 0 这个数字被发明后，古希腊人也曾有过非常不喜欢 0 的想法。古希腊著名的哲学家、数学家亚里士多德就曾说过："0 是非法的！因为它用于除法时会把计算搞得一团糟。"

公元前 3 世纪，美索不达米亚人首先发明了 0 这个符号。0 这个数字的发明，使得美索不达米亚人在计像 99 和 990 这样的数时，终于有了区别，而在此之前，美索不达米亚人在计 99 和 990 时都写成 99。

不过，在当时，0 这个数字被发明出来后，也仅仅是一个简单的字符作用，只是用来区分像上面的 99 和 990 这样的数字，0 还没有被独立使用，也没有真正地被赋予数学上的意义，古巴比伦人也仅仅把 0 用作补位的数字符号。

而玛雅人在数字 0 的使用上就有不同了，他们除了把 0 当作一个简单的字符作用外，也开始把 0 作为一个独立的数字。在玛雅人的历法中，每个月是有 20 天的，他们就把 20 天分别计作 0 到 19。不过，这样的用法还是没有数学意义的，0 只是作为符号，没有加入数学的计算中。

直到公元 628 年，古印度的数学家代表人物婆罗摩笈多，在他的著作《婆罗摩修正体系》一书中，才对 0 的算术性质做了完整的定义。比如：0 加上任意数，结果还是这个数；任意数减自身，得到的数字为 0；等等。这样的描述，意味着从此时起，0 终于作为一个数字，加入了数字大军中，并与其他的数字具有了同样的地位。

人类社会从低级阶段向高级阶段不断地向前发展，一个规律或者一个创造，出现得越晚，证明人类为了发现此规律或作出此创造投入得越多，那么此发现和此创造对人类社会的改变就越大，0 的发现和使用，晚于其他数字，说明 0 对于推动人类社会进步的意义重大。

归零的目的

数字的 0 为什么用一个圆圈来表示？我认为，数字 0 代表着圆满，代表着通达。

人生是一场修行，有生有死，最终归零。一个企业从工商注册到注销，好比人的一生。企业的经营过程，由一个又一个的事项组成，我们要把每一件事情当作一个生命体，要让每件事从发生到圆满完成，最终实现归零。

每件事情都应当有始有终，在经营管理中，我们要做到对待每一件事情都像在经历一场生命。我们要赋予每件事情一个"灵魂"，让每件事情都"圆寂""归零"，不给每件事情留遗憾，不给事情的负责人留遗憾。

稻盛和夫先生在《活法》一书中说，人生的意义在于磨炼灵魂，工作的意义在于磨炼心灵。即工作是磨炼心灵的道场，人生是磨炼灵魂的道场。

我们如果把完成工作和经营企业都赋予"灵魂"，那么，那些完美的团队管理、那些完美的企划方案、那些完美的合同执行、那些完美的培训课件、那些完美的现场管理、那些完美的招商会议等，就像一个个完美的管理作品，就像一个个完美的生命，有着完美的灵魂。而那些安排到了却没有执行、那些开展了却没有结束、那些施工了却没有收款、那些启动了却没有落地、那些打印了却没有装订、那些检查了却没有改进等等的工作，就像一个个失败的管理作品、就像一个个残缺的生命，有着残缺的灵魂，死而不僵，没有归零。

那么，那些完美的工程项目建设、那些完美的高技术产品，就像一个个完美的生命体，有着完美的灵魂。而那些烂尾工程、那些开工了只能生产残次品的工厂等，就像没有灵魂的存在，或者存在着残缺的灵魂。

人有生有死，业务有开始有结束，企业有注册有注销。我们要赋予每单业务和每家企业以生命，通过对时间和空间的管理，让每单业务和每家企业的经营都有始有终，最后完美归零，塑造出每单业务和每家企业完美的灵魂。

归零思维的作用

归零思维作为一种思维方式，对于我们的生活和工作都有指导意义。其重要作用至少包含以下几个方面。

一、培养目标感

因为零代表了"到达""完成""终结"等，所以，使用归零思维能培养管理者的目标感。我们已知事件的归零状态，也就是明白了事件的最终目的，工作的目标就非常清晰明了，这时候就可以做到以终为始了。

二、培养结果导向

事项的归零状态就是要实现的最终结果，事项在没有归零之前，就表明事项没有真正完成。我们就要朝着结果继续迈进，此时就会减少过程中的犹豫、抱怨，减少过程中因为困难而产生的找理由、找借口的情况。

三、培养执行力

归零思维的核心是空间的归零和时间的归零。空间即任务，时间即执行（此理论会在以后章节中阐明）。通过不断地划小时间单位，实现时间的归零，任务变得可控，执行力就会得到提升。

经营事项的时间归零包括以下几个方面：

1. 当秒工作——秒归零；
2. 当分工作——分归零；
3. 当时工作——时归零；
4. 当日工作——日归零；
5. 本周工作——周归零；
6. 本月工作——月归零；
7. 本季工作——季归零；
8. 本年工作——年归零。

四、培养计划性

归零思维是对时间段落的不断划小，也是对空间的不断划小，此过程是一个计划分解的过程。此分解过程重点考量了任务和时间的配比，所以运用归零思维，就是对计划意识的培养和强化。

五、培养高标准

因为零代表了"圆满"，代表了完美状态。当具备了归零思维，找到了完美状态，就等于找到了高标准，那么在工作过程中就不会马马虎虎、得过且过、随便敷衍了。

经营事项的空间归零包含但不限于以下几个方面：

1. 合同管理的归零状态是——执行完毕并归档；
2. 往来账款的归零状态是——完全清零并平账；
3. 库存物资的归零状态是——账实相符零库存；
4. 工程项目的归零状态是——验收交付零维修；
5. 产品订单的归零状态是——产品交付零投诉；
6. 资产管理的归零状态是——账实相符零差异；
7. 制度完善的归零状态是——有法可依零遗漏；

8. 员工到岗的归零状态是——全部到岗零迟到；

9. 工资发放的归零状态是——全员收到零未付；

10. 会议组织的归零状态是——执行落地零缺憾；

11. 制度下发的归零状态是——严格执行零违反；

12. 在线物资的归零状态是——完工入库零在线；

13. 日常管理的归零状态是——全面规范零死角。

第二章　归零思维的发现

空间归零思维的发现

请思考一个问题：

在实物的计量过程中，当实物的重量是数字多少时，计量结果最为准确？

我毕业后工作的第一家单位是莱钢集团，莱钢集团目前拥有员工4万多人，拥有总资产620亿元，是产钢能力超过千万吨的特大型国有钢铁联合企业，经过60多年的发展，形成了极为规范的企业管理模式。在莱钢集团工作的7年时间，奠定了我企业规范管理的思想，形成了企业规范管理的知识体系。

我刚参加工作，就在矿山实习。在矿山工作期间，每天有一个重要的任务就是计算当天矿石的产量和矿石的库存量，编制报表并向企业各部门及主要领导汇报。

矿石开采出来以后，由巨大的卷扬机输送到矿石存储场。在矿石存储场，巨大的矿石山，一个又一个。工程师为了计量矿石的存量，首先用测量仪器测算出矿石山的高度、周长等，计算出矿石山的体积。其次在矿石山的不同位置，选取不同数量的矿石，装车过磅，计算出矿石的密度。最后通过密度乘以矿石山的体积，计算出矿石山的重量。

在这个计算过程中，如果对于矿石山的高度、周长、密度有一点误差，那么最后计算出来的矿石存量将会有很大的误差，但是不论如何科学、尽职计量，都无法得到最准确值，因为误差是永远存在的。

为了让矿石的盘点误差变小，除了工作过程更严谨、计量更精确外，有效的办法就是扩大矿场面积，然后在存放的时候，不要产生高度过高、体积过大的矿石山，因为只有矿石山的体积越小，计量产生误差的绝对值就越小，计算出来的矿石存量就越接近实际重量。

那么，什么情况下盘点得到的库存量和实际数量之间是没有误差呢？那就是当矿石的库存为零的时候。

即：越少误差越小，当实际存量为零的时候，计量误差为零。（如下图）

所以：归零思维就是逐步向零靠近，到达零的时候，实现了绝对准确。

右图中，"∞"表示无穷大，英文读作"infinity"，中文读作"无穷大"。"o"代表无穷小，英文读作"infinitely small"，中文读作"无穷小"。为了便于理解，用形状图表示如下。

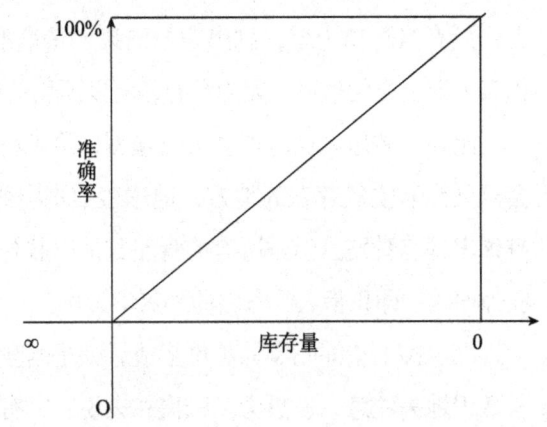

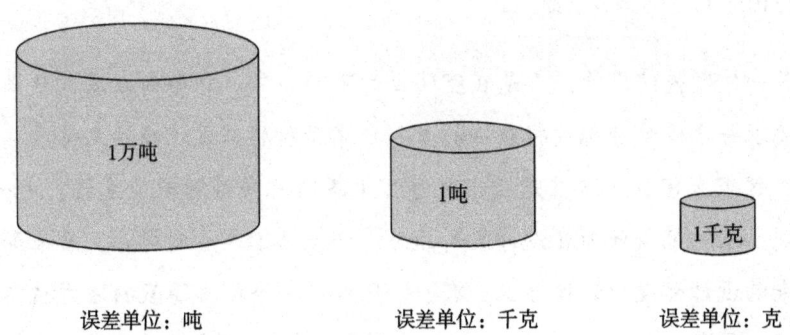

当重量为零，误差为零。

我们在开展管理咨询的过程中，对于贵重金属的盘点过程中也存在类似的探讨。如下图：

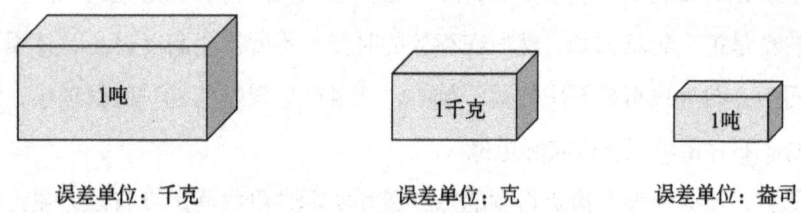

当重量为零时,误差为零。

长度计量单位从纳米到光年,计量单位越大,计量产生的误差绝对值就越大,只有当距离为零,测出来的结果才是最准确的。因为零代表了绝对准确,代表了无。换句话说,因为没有,所以不用计量。

比如,地球表面基本被大气包围,除了科学实验等特殊环境,我们一般不会遇到没有空气存在的地方,地球表面真空的存在为零。一个身体正常的人,身体里都有骨骼,但是所有的骨骼都被皮肤包裹,没有哪个正常人的骨头是露在外面的。即正常人,骨骼的外露率为零。

以上关于空间归零的思维形成,就是当我们面对管理问题的时候,我们要有意识地去注意、去思考。稻盛和夫说:"'有意注意'是有意识地去注意。人生没有'有意注意',就没有价值。"

乔布斯的空间归零思维:

每一件完美的设计,都是在空间上的不断归零。乔布斯在设计苹果产品时,要求每个设计师都要将软件的每一个界面和特征设计精确到像素,才能让高级经理来评判,这就是在视觉感官上不断地向最细微处靠近。有一次,乔布斯要求一位设计师在设计某新品时,外观上不能看到螺丝,后来那名高薪聘来的设计师设计的模型里,有一颗螺丝在一个极其隐蔽的地方被乔布斯看到了,乔布斯大发雷霆,而这名设计师委屈地说:"在这么隐蔽的地方,一般人是看不到的,况且即便是看到了,这里只有一个螺丝,是不会影响外观的。"可乔布斯说:"我要的是从外观上看不到螺丝,现在我看到了,这就是不完美,就是不合格。"说完,乔布斯立马把他开除了。这就是苹果手机设计外观上的螺丝归零。乔布斯曾说:"了不起的木匠是不会用糟糕的木头做柜子背面的,虽然没有人去看它。"这也是他的空间归零思维的体现。

(资料来源:明道·史蒂夫·乔布斯传:神一样的男人.中国华侨出版社,2014.)

时间归零思维的发现

多年以前,我在金正大集团工作。金正大集团是肥料行业的上市公司,其在企业管理方面是非常规范的,企业的运行效率非常高。

在一次高管述职会上,一位副总裁在进行年度工作述职时,对下一年的工作计划做了详细汇报。汇报完毕,集团董事长对这位副总裁的工作做了点评:"我听了你的汇报,你把明年的工作计划做了全面的罗列和汇报,但是你每项工作何时开始,何时结束,你并没有汇报清楚。如果明年全年的工作有这么多,但是我不知道你何时开展哪项工作,何时结束哪项工作。我问你一个问题,你说明年和今年差多长时间?"副总裁说:"差一年。"董事长说:"错了,明年和今年只差一秒,就是年末最后一天的最后一秒钟,过了这一秒,就是明年了。"

董事长又说:"今年和明年只差一秒,那么上半年和下半年也只差一秒,本月和下月只差一秒,今天和明天只差一秒,上午和下午只差一秒。我们的工作计划就是要不断地划小时间单位,把长的时间段落不断地变小,只有不断变小的时间段落,才能被控制,才能被执行。如果一个工作计划,没有明确的可以实际控制的时间节点,那么这个计划就是废纸一张。"

通过董事长的这个表述,我明白了一点,就是在制订工作计划和开展工作的过程中,我们要不断地划小时间单位,时间单位从年到月、从月到周、从周到日、从日到时、从时到分、从分到秒,这就是时间从长向短,不断地向零迈进。只有不断地趋向于零的时间,才能变得更有使用、执行、控制的价值。其实,不断地划小的时间单位,就是事件在时间上的归零。而过长的时间是无法控制的,计划也是模糊不清的。

稻盛和夫也曾说:"事先能够清晰看到的事物,最后一定能以'完美无缺'

的状态出现；事先形象模糊的事物，即使作出来，也达不到'完美无缺'。"为什么现代社会能够飞速发展，实际上就是现代人对时间的不断归零。

在以前的农业社会中，农民按照四季来安排播种和收获，到了冬天几乎是没有什么工作要做的，即使在春夏季节，工作也会受到天气的影响，如果天下雨，也只能在家休息，以前的农业劳作所执行的时间单位是季。

在工业生产领域，对于车间生产任务和销售任务的分解和下达，一般是按月下达，以月为工作单元。但是一个中层管理者，对于任务的安排，一般是按周来计划执行的。对于企业总经理来说，工作计划则一般是按天来制订的。

随着级别和所负责任的不断上升，对于工作安排的时间段落是一个不断变小的过程。比如，人们常说的万达总裁王健林，他基本上就是按照"分钟"来安排工作计划了。

随着时代的飞速发展，在时间上的归零越发明显。中世纪建一个教堂，需要100多年才能完成；秦始皇13岁登基就开始为自己修建陵墓，到秦始皇49岁去世，陵墓修建了38年。随着社会生产力的不断提升，现在建造一个100多层的高楼，一般10年时间就能完成。

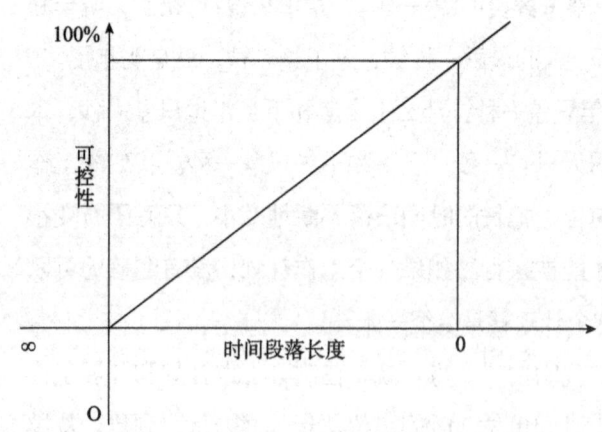

随着社会的发展，对于时间的把控和计量也在不断地变小时间单位，像是路口的红绿灯都是用秒来计算通过时间的，在高精尖领域，对时间单位的使用就更小了。

工作安排中的时间归零思维

我在金正大集团工作的时候，集团副总裁李总是一个非常敬业、负责的人。

记得有一天，李总安排我编写一个集团财务中心人员编制计划，要求必须在当天完成。但是那天我的工作非常繁忙，加班到晚上 11 时许，回到家已经很困了。我心想，已经这么晚了，李总应该休息了，我先睡觉，等第二天早上 5 点多起床再干，早上 8 点之前发给李总，也不影响李总上班审阅。于是我就睡觉了，但是刚睡一会儿，手机响了，我一看时间正好是晚上 11 点 59 分。李总在电话里说，还有 1 分钟就到 0 点了，到了 0 点，就是明天了，我给你安排工作的时候就告诉你是今天完成，你怎么还没有发给我？我赶紧向李总解释说，今天太忙，非常累，就睡着了。李总说："这次没有按时完成，我原谅你，我再给你两个小时，在凌晨两点之前，你必须完成并发给我。"我只好迅速起床，打开电脑开始工作，在两点之前发给了李总。李总在两点的时候给我回复："收到，已阅。"

从此之后，我终于明白了李总对于时间的控制，她安排工作的时候一定会告诉你在几月几日几点之前完成，有时候还会精确到分。比如说，在 10 月 3 日上午 8 点 30 分之前完成，或者说在 10 月 4 日下午 6 点 20 分之前完成，等等。

在这样精确的时间安排下，我们的工作效率得到了很大提升，就是把分作为时间单位来下达工作任务，而不是按月、按周、按天了。而且她会在自己规定的准确时间点对工作进行调度和回复，那么对于被安排工作的人来说，一是不敢再拖延，因为她对时间的控制已经达到了严苛的地步；二是时间节点到了，任务必须完成，即时间归零、任务归零。在李总的教导下，我和我的团队工作效率大大提升，而且我在不断地执行和学习过程中也悟出了归零思维，这为我以后带团队、经营企业、开展咨询打下了良好的基础。

时间归零、任务归零；时间结束、空间结束。这就是归零思维的核心。"任务"即"空间"，"执行"即"时间"。比如，任务是生产一款服装，就是把生产这件服装能用到的各种要素从不同地方的不同物质中提炼出来、纺织起来、拼接起来、组合起来，然后变成一个如"服装"般的"空间"的存在。而实施、执行这个空间转移的过程就是"时间"。比如，任务是建设一栋高楼，就是把建筑高楼所需要的各种要素，从其他空间转移到新空间，变成一个类似于"楼"的空间形状，而建筑大楼的过程就是"时间"。比如，任务是运输一批物资，就是把这批物资从一个空间转移到另一个新的空间,这转移物资的过程就是"时间"。比如,任务是写一个文案,就是把存在于自己大脑中的文案,以文字为载体,转移到纸上或者电脑的存储介质中,这就是思想从大脑存储向纸张或电脑存储介质空间转移,而书写的过程就是时间。

所以说,归零思维的要义就是:在空间上不断地追求精准,在时间上不断地追求高效,让时间归零、让空间归零,当时间达到了归零状态,空间也达到了归零状态。高效利用时间、精准完成任务,时间结束、任务完成,一切归零。

就好比一个极其优秀的人,节约每分每秒,完成每项任务,生命结束、使命完成。当生命结束、使命完成,留下的就是灵魂。人的一生应如此,企业的一生也应如此,每单生意如此,每项工作也如此。

归零就是无限的趋向于零,最终实现为零。在空间上越归零越精准,在时间上越归零越高效。管理的核心目的就是精准、高效,管理的最高境界是不用管理,即老子提出的无为而治。要实现无为而治,首先要找到任务的归零状态,只有在归零状态下,就不用管理了。

第三章　归零思维在管理中的运用

归零思维在生产经营型企业的运用

在很多企业中，精益生产难以实现的原因，就是在生产过程中缺少对归零思维的理解及贯彻。反映在企业经营中，就是生产计划调度能力差。尤其是很多大型企业考虑到停机成本及订单不均衡，生产调度能力弱、工作效率低、生产成本高。

在 20 多年前，我在一家大型生产企业做车间成本会计。因为产品的生产过程有 24 道工序，月底为了计算在线半成品的成本，需要对 24 道工序中留存的不同完工程度的半成品进行盘点。在得出盘点结果之后，又要按照不同工序的投入和消耗情况，计算出 24 道工序中不同完工程度的半成品成本。只有半成品的成本核算准确了，才能更准确地计算完工成品的成本，才能为 24 道工序中参与的 24 个班组计算准确的成本考核数据。这个过程不只是主材的消耗，还有辅助材料、燃料、动力、人工、折旧、制造费用等的全面分配，工作量大，准确率低。也许有人会说，可以利用生产管理软件进行计量和控制啊，其实管理软件只是高效的计算方式，并不是科学的管理办法，对于成本的分配以及半成品库存的盘点，依然是必不可少的工作。既然半成品多，核算难度大，核算准确率低，那么能不能以后不用计算 24 道工序的半成品？让半成品归零？如果成品都入库了，我们只计算成品的成本岂不简单又准确？对，使用归零思维。如果要推行归零思维，就要说服各个层级的管理者。

春节是我国最重要的传统节日，每年春节之前，因为要放假，企业会安排

归零——归零思维再造企业

每道工序提前规划工作进度,加快生产,每道工序的半成品都会生产完工,直到最后一道工序完成,成品全部入库。那么在春节放假之前进行盘点时,每道工序的半成品库存均为零,成品全部入库,此时整个工厂在线物资为零,车间只剩下安静的生产设备。此时在核算当月生产成本时,只需要计算出成品成本即可。春节放假期间,企业会安排车间人员进行车间卫生大扫除、安排设备的维护保养,等到春节后,再重新生产。到年底,在线半成品为零的状态,其实就是半成品的归零,越少,越好盘点,盘点的准确性就越高。当库存为零的时候达到了极值,因为没有库存,所以盘点结果没有误差,达到了最准确的状态,这就是空间的归零。既然在年末能归零,能不能在月末也归零?也就是把时间的因素考虑进来,让时间归零。即以前按年度空间归零,现在能否按月度空间归零?前两章已经讲过,时间的归零就是不断地划小时间单位,不断地向零靠近,从年度到月度就是一个归零过程。

当我把这个想法向企业总经理和负责生产的副总裁汇报的时候,首先得到的是反对意见。副总裁首先说:"生产不能停。所有的一切管理都应当为连续生产服务。"我说:"生产不能停,是个伪命题,就好比人不能去世、企业不能倒闭一样是个伪命题,符合经营意愿,但是不符合事物发展的哲学。"总经理也说:"年度能归零是因为春节放假,月末是要连续生产的,所以无法归零。"我说:"年相对月和季度来说,是一个长一点的时间单位,但却不是最长的时间单位,如果没有春节放假,是不是我们就可以连续10年、连续100年、连续1000年都不能归零?"我说:"要提高效率,要科学管理,就要不断地划小经营的时间单位,开展更加高效、灵活的调度控制,而不是用更长的时间段去筹划。""人有生命周期,企业也有生命周期,人在不同的阶段有不同的任务,企业在不同的阶段也有不同的任务,如果我们不按阶段去安排、去控制,等一生结束了再考虑怎么生活,就没有时间了,也没有意义了。""国家的发展以五年为一个规划周期;企业一般按照年度来制订经营计划,按月度进行分解;而员工的跳槽一般都在年底,一是有年度个人规划,二是可以利用春节假期进行归零,总结以前的工作,然后对未来工作进行筹划,规划未来一年的发展。"

孔子曰:"吾日三省吾身。"佛家弟子坚持六时书,麦克·罗奇格西所著的

《能断金刚》指出，佛家弟子把一天的白天时间 12 小时分为 6 个等份，每两小时进行一次禅悟，并作出禅悟记录。人生规划、企业经营都是一个不断地规划、执行、反思、精进的过程，而要达到更好的效果，就是要不断地划小时间单位，不断地提高单位时间效率，而只有时间单位不断地变小，才能实现更精准的控制，才能不断地提高管理效率，也就是时间的归零。

我和企业管理层进行了沟通交流，最终企业采纳了我的建议，实现了按月归零。每个月底，企业会像过年放假一样，停产 4 个小时，企业的生产调度会提前安排生产任务，在每月最后一天的最后一个小时，实现所有半成品全部完工，所有成品入库，所有下达的订单全部生产完毕。在停产的 4 个小时内，企业领导层开始召开下月计划会议，设备组开始维护保养设备，车间工人开始全面清理车间卫生，财务和统计人员开始盘点库存，质量部门和安全部门开始总结月度质量和安全管理工作。通过 3 个月的执行，生产效率进一步提升，设备运行更加顺畅，成本的准确性不断提升，在线物资的积压空前减少，车间员工的效率意识也得到了进一步提升，更加珍惜时间，更加注重时间节点的控制。通过从年向月的时间段落趋势归零，生产调度的管控能力、协调能力也得到了全面提升。

其实，在现实的生活和生产中，没有任何行为是不可能归零的，难在管理意识和管理水平的改进。以前乘坐绿皮火车，每个站点都停车 10 多分钟，现在高铁时代，停车一般 3 分钟，乘客都能迅速有效地上下车，高铁时代的到来，就是人们认识到时间的重要性，就是对时间的不断归零。但是，归零不代表高铁不能停车，而是在管理的要求下，开就是开，停就是停，不但提高了运行速度，而且降低了晚点的概率。

在一些生产型企业中，很多生产部门的负责人总是以连续生产为耀，当管理需要有计划停产时，总是提出反对意见，导致精细化管理很难落地。精细化管理就是要严计划、快反应，就像高铁和飞机一样不论速度多高，开则开、停则停。

我们在咨询辅导过程中看到，很多企业从年初干到年末，工作的计划性差，设备维护保养不及时，现场管理混乱，6S 管理执行不到位，环境卫生打扫不及时，订单交付不及时。但是没有订单了随时停机，没有计划了随时停机，设备故障了随时停机，停水停电了随时停机，员工请假了也随时停机。很多产能过剩的企业年度综合开机率不足30%，但是计划性开停机的情况少之又少，这就是没有归零思维，管理能力弱、调度能力弱的综合表现。

在开展管理咨询辅导的过程中，我们深谙归零思维的重要，在我们辅导的众多企业中，有一家企业的改进效果就非常明显。这家企业是山东信尔建材科技有限公司，企业主要生产真石漆、防石漆、防水涂料等，产品主要用于建筑外墙，产品除了具有美化建筑外观功能之外，重要的功能是保护建筑外墙，提高建筑寿命。在我们的咨询辅导下，这家企业的管理水平和经营业绩增长迅猛，已经成为山东省内排名靠前的涂料生产企业。目前我依然是这家企业特聘的管理及财务顾问。在辅导过程中，除了全面的规范管理（股权结构、组织架构、部门职责、岗位职责、企业文化、管理制度、业务流程、绩效考核、财税规范）之外，重点就是灌输归零思维、落实归零思维。目前这家企业按天安排生产计划、按天完成生产任务。企业的生产效率和订单的交付率空前提升，实现了时间按天归零、任务按天归零。

亚里士多德说："时间本身并不作为时间而存在，是事物，以及它们的流动，使过去、现在和未来变得切实可感。没有运动、没有变化，就没有时间。"

我们辅导过一个化工企业，化工企业的生产工艺就是化学反应的过程，生产设备就是存储化工原料和辅料的装置。为了计算当月生产成本，月末都要盘点所有装置的材料库存，再根据以下公式计算本月每种原料的耗用数量。

$$本月消耗 = 月初库存 + 本月领用 - 月末库存$$

但是盘点工作不但难度大，而且危险性高、准确率低，原因如下。

1. 装置多，盘点工作量大；

2. 很多化工容器形状各异，极不规则，要计算出库存量，不但都要测量液位，还要结合不同容器的几何形状，运用复杂的数学方法来计算；

3. 化工设备有的处在高处，有的深埋地下，有的管道非常多，盘点难度大；

4. 化学原料很多有毒有害，盘点过程非常危险。

所以在辅导过程中，我就强烈建议运用归零思维来开展这项复杂的成本管控工作。因为每个容器的容量是固定的，只要我们做到了在盘点时容器的可用空间归零，那么就可以得到准确的当月耗用数据了。

我们确定一个月的月底为基准日，在这一日把库存盘点清楚之后，计算出当月消耗，然后要求在当日一次性把所有装置的原料加满（当然，有些容器根据工艺要求不能加满，我们则确定一个标准液位），到了下个月的月底，再一次性把装置加满（或加到标准液位）。这样在盘点时，只检查是否加满（或者是否到达标准液位），其他的不用考虑，因为容器的容积是保持不变的，所以本月的领用量就是本月的消耗量。通过运用归零思维，工作量减少了，工作难度降低了，数据的准确性却提高了。通过我们的辅导，这家企业的成本管控更加精准，成本连年降低，效益持续增长。

归零思维在服务型企业的运用

山东点策广告设计有限公司主要从事品牌策划、产品外观设计、包装设计、画册设计、标志设计、装饰设计等综合设计业务，企业的业务量大、员工多，不同的员工从事不同类型的设计，有的设计项目周期长，有的设计项目周期短，每个员工同时负责好多个客户的设计项目，有的完成快，有的完成慢。由于设计行业有自身的特殊性，是否合规、完美是一种视觉评价，没有非常明确的标准，加上业务量大，经常出现客户着急催促设计方案进度的情况。

点策设计公司总经理孙总为此事很发愁，在一个特殊的机会，孙总报名参加了柏涵管理咨询组织的公开课，其中有一节是我讲的归零思维。听了我的课后，孙总很受启发，回到公司后做了安排，这个困扰孙总多年的难题，一下子迎刃而解。如今点策设计的业务量更大，客户的口碑更好，设计作品的交付周期也大大缩短了。

孙总回到公司后，开始运用归零思维。他要求大家把手头已经接到的设计文案全部完成，然后针对每位员工的设计能力，按周分配工作任务，当每位员

归零——归零思维再造企业

工本周接到的设计任务已满足本周设计工作量,则不再下达任务。但是要求每位员工接到的本周任务,必须在本周完成,不得有任何延迟,等周末全部交稿后,再下达下周任务。到月末,当月的工作全部完成,没有在设计的半成品,计算员工当月的业绩考核时得到的数据更加准确、客观。

点策设计公司孙总用归零思维解决了设计效率、任务分配和绩效考核的问题,其优点如下。

1.按周分解下达设计任务,一般设计文案会在本周完成,即便是设计工作量大、设计周期最长的设计文案,也会在一个月内完成,不会出现无计划拖延。

2.员工以周为单位规划工作,周末基本清零,月底企业任务全部清零,对于员工来说可以把精力聚焦到当前的设计任务,不会因为接到了过多的设计任务而产生心理上的焦虑。

3.根据员工能力和设计水平分配任务,能力弱的分配的任务少,能力强的得到的任务多,但是前提是月底时间归零、任务归零。根据设计能力和设计水平计算员工提成工资,公平合理,调动了员工积极性,改变了以往到月底大家都有未完工的设计项目,而且进度不一,无法推行严格绩效考核的状况。

4.通过对归零思维的不断探索,不断地划小时间单位,不断地提高效率,不断地提高客户满意度。

我们曾经辅导过一家汽车租赁公司,租客在租车时除了要支付租金外,还要承担租用期间产生的加油费。在最初,当租客办理完租车手续后,租赁公司与租客在交接车辆时有一个环节,就是双方要确认车辆的现存油量,当租客归还车辆时,又要确认一次车辆油量。当归还时油量高于租出时的油量,租赁公司要为租客支付多加的油费;当归还时油量低于租出时的油量,租客要为租赁公司支付多用的油费。但是前后两次得到的油表数据都不一定是最准确的数值,而且都是人为依表判断,数据的误差较大。

我们给出的建议是,运用归零思维,实现油箱空间归零,减少双方工作量,提高数据准确性。具体办法如下。

当车辆租出时,由租赁公司将车辆加满油,同时在租客归还时,也将车辆加满油,并且由租客提供最后一次加油的票据,证明加油的时间及所加的型号,以便租赁公司确认。这样就实现了在车辆租出和还入时，车辆的油箱中的油都是满的，即油箱的可存储空间归零，在租赁过程中所产生的加油费都由租客承担，双方在租出环节和还入环节只检查是否加满即可。通过这样的调整，有以下优点。

1. 双方不用再计算租出和归还时的车辆油量，节约了双方计量和结算的时间。

2. 因为油箱空间是不变的，对于双方来说，数据基本准确且客观。

3. 因为每次还回来的车辆，都是满油的，对于租赁公司来说不用再去加油站加油了，加油的工作全部由租客代替，节约了租赁公司的成本。

用同样的思维，我们还辅导了很多物流公司。其中，一家大型物流企业有1000多辆货车，每月的最大成本是车辆的加油费，为了加强对司机每公里油耗的考核评估，我们要求企业所有车辆在每月1日把油加满，加满后由专人进行检查确认，如此月月循环，这样当月的加油量就视为当月全部消耗，再用每辆车当月的耗油量除以该车当月的总里程，就计算出了该车当月的公里油耗数据，并运用此数据对司机进行油耗指标的考核。

归零思维在生活中的运用

其实，归零思维在生活的各个领域都有用到，只是我们没有进行系统总结，没有上升为一种管理思想。

1984年，在东京国际马拉松邀请赛中，名不见经传的日本选手山田本一出人意外地夺得了世界冠军，当记者问他凭什么取得如此惊人的成绩时，他说了这么一句话：凭智慧战胜对手。

当时许多人都认为这个偶然跑到前面的矮个子选手是在故弄玄虚，马拉松赛是体力和耐力的运动，只要身体素质好又有耐性就有望夺冠，爆发力和速度都还在其次，说用智慧取胜确实有点勉强。

两年后，意大利国际马拉松邀请赛在意大利北部城市米兰举行，山田本一代表日本参加比赛，这一次，他又获得了世界冠军，记者又请他谈经验。

山田本一性情木讷，不善言谈，回答的仍是上次那句话：用智慧战胜对手。这回记者在报纸上没再挖苦他，但对他所谓的智慧迷惑不解。

10年后，这个谜终于被解开了，他在自传中是这么说的：每次比赛之前，我都要乘车把比赛的线路仔细地看一遍，并把沿途比较醒目的标志画下来，比如，第一个标志是银行；第二个标志是一棵大树；第三个标志是一座红房子……这样一直画到赛程的终点。比赛开始后，我就奋力地向第一个目标冲去，等到达第一个目标后，我又同样向第二个目标冲去。40多公里的赛程，就被我分解成这么几个小目标轻松地跑完了。起初，我并不懂这样的道理，我把我的目标定在40多公里外终点线上的那面旗帜上，结果我跑到十几公里时就疲惫不堪了，我被前面那段遥远的路程给吓倒了。

在现实中，我们做事之所以会半途而废，其中的原因，往往不是因为难度较大，而是觉得成功离我们较远，确切地说，我们不是因为失败而放弃，而是因为倦怠而失败。

这个故事给我们以下三个启示。

1. 比赛中可以准确地知道自己已经跑了多远，还需要跑多远，从而正确地分配体力。

2. 相当于把马拉松40多公里的超长跑分解成了几个中等距离的长跑，等于把一个很困难的目标分解成了若干个相对来说容易得多的子目标，从心理上降低了任务的难度，使自己更有信心。

3. 每当他跑到一个标志性地点，都会在心里暗暗鼓励自己说：我已经跑完了一段，现在我距离最终的目标更接近了，我一定能够成功！他不断激励自己，鼓舞自己，使自己的潜能充分爆发出来。

从心理分析可以得出这样的结论：当人们的行动有了明确目标，并能把自己的行动与目标不断地加以对照，进而清楚地知道自己的行进速度和与目标之间的距离，人们行动的动机就会得到维持和加强，就会自觉地克服一切困难，努力达到目标。

从归零思维的角度思考,山田本一就是灵活运用了归零思维,他把40多公里的赛程,划分为若干小的阶段,保证在每个阶段取得第一。划小的里程段落是对空间的归零;保证每一段里程里自己都是第一名(即在本段里程里用时最少),就是对时间的归零。

山田本一的马拉松战略战术和一般运动员的战略战术可以用下图对比分析。

(1)一般运动员

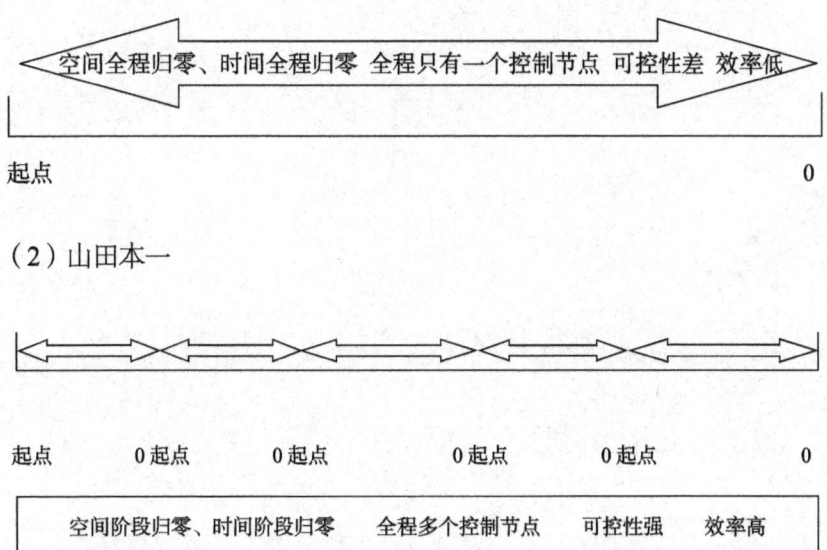

(2)山田本一

第二部分

归零思维的
管理实践

第四章　运用归零思维实现全面管理

全周期管控实现管理空档期归零

企业应该从什么时候开始抓管理？

我在做管理咨询辅导的时候，经常听到有些企业老板这样说："我们企业小，人也不多，不需要管理。"

管理和经营密不可分，只要有经营就要有管理，不存在无管理的经营。就像人的生命，只要人活着就要吃饭、喝水；也好比法律，只要人活在世上，就不能离开法律的约束。企业创始人注册了企业，并开始经营，他要去开拓市场，去拜访客户，去协调问题，去送货。在这个过程中，他对自己的要求就是一种对自己作为企业经营者的管理。只是这种管理，是朴素意义上的管理，没有形成系统的管理理论和管理方法。

所以，管理就在当下，不存在无管理的经营，只是企业在不同的发展阶段、不同的规模、不同的经营模式下，对管理的深度、精细度、宽严度，要求不同，对管理的重点有所侧重而已。

有些企业负责人说："我企业现在规模小，人员也不多，等我企业发展壮大了，达到了一定的规模，我再抓管理。"

这种想法也是不科学的，这就好比是说："我的孩子现在还小，我不用管他，等他长大了我再管他。"

其实，孩子小的时候，我们要管，长大了，我们也要管。只是不同年龄阶段的管理重点不同，管理内容不同，管理方法不同，但是管理的动作在任何阶段，都是必不可少的，而且早管早好，早管比晚管的成本低，而且效果好。

比如，孩子在小的时候不听话，我们要管理孩子，可能一个眼神、一声严厉的批评、一次沟通，就能达到管理的效果。而且在人生初期，就要为孩子指明人生方向，定好行为准则，培养生活习惯，形成良好的人生观。如果在孩子小的时候不管不问，等到孩子长大了，再想管就不好管了，而且孩子一旦养成了不良的习气，形成错误的人生观和价值观，要想彻底纠正，就要投入很多精力，但是不一定能保证效果。假如说，孩子最终长大成人，到了40多岁，一切都定型了，如果再想纠正他错误的人生，哪怕就算是付出生命的代价，也不一定能让他成为我们希望的人，这个时候一切都晚了。

我们在做管理咨询辅导的时候，有些企业在发展初期，规模较小，如果我们花一个月时间搭建管理体系，建好制度、流程，在第二个月就能落地执行，且收效很大，也能为未来发展奠定基础。如果这家企业规模较大，员工在千人左右，这个时候建立管控体系的难度就会增大，在改革的过程中阻力就会较大，而且一些固化的思维、固有的文化、既得的利益、权力圈层都需要打破，那么我们可能要花一年的时间进行辅导，才能达到预期效果，而这个时候规范管理的成本就相当高了。

企业稍小一点，如果存在管理漏洞，可能会造成数十万元的损失；企业稍大一点，如果存在管理漏洞，可能会造成百万元的损失；更大的企业，如果存在管理漏洞，则可能造成上千万乃至上亿元的损失。

当然，并不是说小企业就没有大漏洞。我们服务的客户中，有个小企业，员工10多人，其中一个员工就挪用公款600多万元，等发现的时候，挪用的公款已经被挥霍完了，虽然这个员工最后受到了应有的法律制裁，但是造成的损失是收不回来了。我们也曾经服务过一个超大型企业，属于我国民营企业100强，年产值上百亿元，因为管理漏洞，每年损失好几亿元。但是，要避免这些损失也很简单，在企业发展初期，在问题没有发生之前，一个小小的制度、一个简单的控制程序就能避免。通过调查我们发现，我国中小企业的平均寿命一般不超过5年，因为管理不善而倒闭的超过一半。

所以，管理要贯穿企业的全生命周期，而且管理抓得越早，管理的成本越低，管理的效果越好，一旦发生问题，对企业造成的损失也越小。

只要有经营就要有管理，不存在无管理的经营，管理伴随企业全生命周期。我们要利用归零思维，推行全周期管控，实现管理空档期归零。

柏涵管理咨询公司在成立之初，公司只有我一个人。当我拿到企业营业执照后，我用了一个月时间，把企业的使命、愿景、价值观、组织架构、部门职责、岗位职责、业务流程、管理制度、绩效薪酬等内容进行了全面的梳理。当我把这些资料整理完成，我就开始招聘。当第一个员工到公司之后，我就把这些资料交给他，并对他进行培训，让他开始执行并完善。当第二个员工加入企业，我又让第一个员工把整套资料交给第二个员工，并指导第二个员工遵照执行。这样除了有章可循之外，老员工已经深谙企业的制度及文化，他就可以成为新员工的榜样和导师，新员工就能快速融入企业，在代代相传的过程中，企业文化就逐步形成。在这样的体制之下，就建立了以制度管人、以流程理事的管理体系，企业就得到了稳步且永续的发展。

在企业经营过程中，我们不怕身累，就怕心累，但是有了规范的管理制度和流序，工作有程序，管理有章法，减少了协调和沟通过程中的矛盾，心就不累了。

全方位管控实现管理盲点归零

我曾经和团队成员辅导过一家生产食品的企业，当我到这家企业去调研的时候，我问这家企业负责生产的副总，我说："刘总，请您讲一下，您是怎样管理车间的工人的？"

刘总说了这样一句话，我至今难忘，他说："车间500多人，大部分我都不认识，你说我怎么管？我能管得过来吗？"

我说："城市有1 000万人，市长不认识您，您认为市长有没有管到您呢？"

他说："市长又不认识我，怎么管我？"

我说："请让我为您分析，以我自己为例。

"市长虽然不认识我，但是我作为一个市民生活在这个城市，毫无疑问，我是这个城市中的一员，属于市长管理的对象之一。市长通过公安系统，防止我违法犯罪，保障我的安全；通过教育系统，解决了我的教育问题；通过民政系统，管理了我的婚姻和家庭；通过银行系统，管理我的资金；通过税务系统，管理我纳税；通过交通系统，管理我出行；等等，试问，我哪一个方面不在管理范围？其实，我们都处在管理体系中，虽然市长不认识我，但是市长通过城市治理体系，通过市政府及下设的各个职能部门，通过各个层级的工作人员，为我解决了工作和生活中的各方面问题，又依据法律法规约束了我的行为，这本身就是我作为市长的管理对象之一被市长管理。我们不能用认不认识来作为前提，人都认识自己的孩子，也认识自己的父母，但是现实中就有不管孩子的人，也有不管父母的人。

作为一个生产副总，应利用生产计划调度部门管理计划下达与执行，利用设备管理部门管理设备购置与运行，利用质检部门管理工艺与质量，利用安环部门管理安全与环保，利用统计部门管理数据与绩效；通过车间管理架构，副总管好车间主任，车间主任管好车间班长，车间班长管好车间工人，这不就等于刘总您在管理整个生产系统吗？怎么能说500多人，您就管不了呢？"

社会治理体系和企业管理体系都是同一个道理，我们要利用归零思维搭建全方位管控体系，实现管理盲点的归零。作为一个管理者，要知道我们的管理范围；在管理范围内有哪些管理内容；依据这些管理内容，要明确每个管理内容的管理目标；为了实现管理目标，要开展哪些管理事项；为了开展这些事项，要配备哪些人才。依据这个逻辑，我们需要细化分解，把管人和理事的架构、流程、制度、职责、薪酬、考核等方面全部分析透彻，并做好工作开展计划，同时配套建立跟踪体系、监督体系、汇报体系、分析体系、后勤保障体系、应急处理体系等。当我们把这些方面都做到了系统布局、不留盲区、没有漏洞，这就相当于在管理空间上实现了管理盲区的归零。

企业管理体系设计的基础思维

企业任何工作的正确开展，都要有科学合理的管理思想。

那么要建立科学的企业管控体系，应该坚持什么样的基础思维呢？我认为主要有以下两点。

一、谁做这件事的成本最低，谁就有做这件事的道义责任

谁做这件事的成本最低，谁就有做这件事的责任，这是企业设置部门、定岗定编、配置人员的思维基础。

假如一家企业不大，人也不多，企业的院子需要打扫一下，其他人员都很忙，这个时候企业负责人就可以打扫一下院子，因为企业的业务量不大，产出有限，老板利用空余时间打扫院子，并不会增加企业成本。但是，如果一家企业很大，老板日理万机，有很多大事要做，这个时候，院子就可以让员工帮忙打扫，因为员工的单位成本低于老板。如果员工也很忙，这个时候就要增加保洁人员，因为保洁人员的成本比员工还低。

我曾经辅导过一家大型农牧集团，这个集团在全国有30多个养殖基地，有3家子公司，年产值20多亿元。这家公司的董事长很低调，平时也很忙，经常自己开车到各个基地去，有时候连续开车10多个小时都是很常见的。在我们设置人员编制的时候，我就强烈要求增加一个专职司机为董事长开车。为什么呢？一是董事长有很多事情要处理，电话非常多，开车接电话不安全；二是董事长开车劳累，精力受限，对企业长远发展不利；三是车辆的清洗、维修、加油等小事，会占用董事长的时间，如果他把这些精力全部用到经营上，则企业增加的效益远远超过了聘请驾驶员的成本。所以在我的建议下，他增加了专职司机。

我还见过一个年轻的创业者，他之前在一家企业做销售，业绩不错，有了资金积累，他就开始创业了。企业刚成立，他就买了一辆100多万元的路虎汽车，然后聘请了一个专职司机。企业经营了两年，每年的营业额都不够发工资，我建议他减少人员编制，取消司机职位，因为在目前的企业规模下，老板亲自开车比用专职司机成本要低很多；要减少后勤服务人员，因为业绩不足以支撑较大的人工成本。另外，我还建议他把路虎汽车卖掉，买一个相对便宜点的汽车，因为过于高调就和企业的规模不匹配，客户会质疑他的服务能力和专业度。

那么，为什么说谁做这件事的成本最低，谁就有做这件事的道义责任呢？

假如你正在开车，你有个垃圾要扔，你应该把它放在车里，等到下车了，再放回垃圾箱，因为对于你来说，这样做并不会增加什么成本，而如果你把垃圾扔在马路上，不但不文明、不安全，更重要的是清洁工又要过来清扫，增加了清洁工的劳动成本，也增加了他因为捡垃圾而发生危险的概率，这就是不道义的。

但是你家里的垃圾，你一般就送到楼下的垃圾桶，然后由物业统一送到垃圾场，那么为什么不让市民自己把产生的垃圾送到垃圾场呢？那是因为如果人人都去送，那成本也太高了吧，这对于物业以及政府来说，就是没有解决好垃圾清理这个民生问题，对于物业和政府来说就是不道义的。

再比如说，城市环卫工人大部分都是文化程度相对较低、年龄较大的人员，为什么呢？是因为环卫这项工作，虽然比较辛苦，但是科技含量比其他岗位要低一些，文化程度低，年龄稍大一点也能胜任，不但解决了这个群体的就业，而且对于环卫企业来说成本也最低。如果让高学历的人来干环卫工作，那么现有环卫人员就会面临找不到工作的问题，而且学历高的人，国家的培养成本高，如果不去从事更有科技含量的工作，不去承担更有压力的工作，那么社会还怎么发展，国家还如何强盛？虽然行业没有贵贱之分，但是成本却有高低之别。

所以说，谁做这件事的成本最低，谁就有做这件事的道义责任。

二、所有的管控设计都要指向企业综合效益最大化

不论是企业、社团还是政府，在岗位设置方面都必须首先考虑综合成本，遵循综合效益最大化的原则。

我曾在一家大型上市公司工作，这家公司有专设洗衣房，专门负责为总监及以上级别人员洗衣服。总监级别及以上人员有100多人，住宿条件是超三星

级酒店标准。总监只要衣服脏了，他就把衣服放到房间指定的一个筐子里，当他晚上回到房间，衣服已经洗干净，挂在衣柜里了。这种洗衣服务不但提高了高管的幸福指数，而且是一种综合成本最低的设计。

假如每位总监的平均年薪是 50 万元，那么一个总监人员每天工作一个小时的平均成本大约是 200 元，如果洗衣半小时，时间成本就相当是 100 元，100 个总监每天洗衣的时间成本就是 1 万元，一年的洗衣成本就是 365 万元；而一个专职的洗衣工，月工资 4000 多元，一年大约 5 万元，所以配备专职的洗衣工，等于节约了总监的洗衣时间成本 360 万元，而这些总监把节约出来的洗衣时间用于加班、接待客户、协调业务的话，给企业创造的效益又会远远高于 360 万元。

所以，综合成本最低是企业管控体系设计的最基本原则，这个原则也是我们进行企业架构设计的根本指导思想。

企业的架构设计及岗位定编，要以归零思维做指导，首先要计算综合成本和综合效益，其次要考虑企业战略，要考虑企业业务流程，要分析现有人员编制情况及职责履行情况，要分析员工的工作饱和度等。当我们把所有方面都综合分析，并且无一遗漏之后，我们再确定要增加一个什么样的人，并对这个人的学历、年龄、工作经历、任职资格、性格特征等进行提前画像，然后再启动招聘，切不可以感觉人多就裁员，感觉人手不够就加人。

企业管理体系设计要明确的几个关键问题

一、要区分股权结构与治理结构

一般的中小型企业，企业的股东都在企业任职，这种情况下，往往会把股权结构和治理结构混同，或者没有明确区分股权结构和治理结构，导致企业经营受到影响。

股东因共同投资成立企业，进而在股权结构中占有一定的比例，股东的权力应在股东大会上发挥作用，主要有表决权和分红权。在日常的经营管理过程中，应以治理结构为准，在治理结构中一般都是总经理负责制，因为有些总经理可能是小股东，也可能是外聘的职业经理人，如果在日常经营中还要考虑股东身份，则经营管理活动就很难顺利开展。

比如，有些企业为了稳定核心员工，充分调动核心员工的工作积极性，通过内部股权激励，给核心员工分配了一定的股权，本想着调动员工的积极性，但是往往降低了员工的执行力。因为员工变成了股东，总想着发表意见，影响了具体事项的落实。另外，为了企业长期稳定发展，需要不断地进行投资，而员工在企业战略方面不如初始投资者考虑得长远，当员工成为股东之后，更关注短期收益及短期分红，而初始股东更关注长期利益，这种情况下就会产生分歧，从而导致员工在具体工作上的执行力下降。因此，企业一定要明确股权结构和治理结构，股东可以依据表决权在股东会发表意见，但是日常经营必须以治理结构为准，强调的是执行。所以，要明确以下几点。

1. 股权结构与治理结构没有任何关系，在经营中要永远隐藏股权关系。

2. 股东身份只在投资和分红环节出现，与企业日常经营没有任何关联，日常经营只涉及企业治理结构。口诀：股权结构只与"钱"有关，治理结构只与"权"有关，企业运营只与"责"有关。

3. 在合伙初期，合伙人具有互补性。有的有社会关系、有的有资源、有的有资金、有的有技术、有的有管理能力、有的有厂房、有的有设备，这些能力或资源构成了合伙前提和基础。但是，在企业经营过程中，这些能力或资源需要转化为企业经营效益，属于需要在经营过程中进行体现和发挥的资源，所以只能在经营过程中进行衡量。不能作为股权分配的依据和分红的依据，合伙人基本的资源和能力是合伙的基础，但是如何衡量，是经营过程中的事情。

4. 企业的组织架构设置的依据是企业的业务流程，是根据企业业务的规模、业务开展的先后顺序、企业管控的重点、企业未来的发展规划综合考虑制定的，和股权结构没有关系。

5. 企业的财务管理系统作为神经系统和血液系统和企业的经营息息相关，而且密切联系，在企业财务管控过程中，一定要充分全面地了解业务、结合业务。财务部门的岗位设置及业务流程设置，都要依据企业治理结构进行，与股权结构无关。

6. 企业管理完善的标志是：企业运营、管理、财务无缝链接，相互作用。就好比人体的骨骼、肌肉、血液、神经等系统相互作用，完美结合。这些都是需要在治理结构中明确的问题，与股权结构无关。

那是不是说股东就失去了对企业的监督和控制了呢？当然不是，股东的权力是法定权力，企业章程会有明确约定，股东对企业的监督和控制通过企业章程赋予的权力实施。

二、要区分业务模式和管理模式

在咨询辅导的过程中，我们经常听到有的企业家说："我企业的业务模式是合作模式，我们不需要进行管理。"还有的企业家说："我企业的业务模式很简单，所以基本上不用管。"其实这些说法都是将业务模式和管理模式混同的情况。不论是那种业务模式，都需要管理，都要根据不同的业务模式，制定不同的管理模式。所以，要明确以下几点。

1. 业务模式和管理模式不同。

2. 业务模式有自营模式、合作模式、外包模式等。但是，不论哪种业务模式，对于企业经营者来说都需要管理，并不是说换了业务模式就不用管理了，换了业务模式管理模式就要紧接着进行变更。

3. 管理模式依据业务模式制定。

4. 管理模式有总部统一管理、分部自主管理总部只考核经营指标、总部管理财务分部管理经营、总部管理人事和财务分部管理经营等多种模式，选用哪种管理模式是依据业务模式而定。具体的管理模式可以根据企业的不同情况而定。

三、要明确管与不管的问题

在咨询辅导的过程中，我们经常听到这样的说法："我企业小，不需要管理。""这是一件小事，不用管理。"其实这些说法都是错误的。所以，要明确以下几点。

1. 要不要管理？要，没有管理就无法经营。没有无管理的经营，哪怕只有一个人创业，对自己也要有要求，这本身就是管理。

2. 管理的核心点就是日常的小事，企业经营无大事，把小事管理好了大事就能做成。任何影响了经营的事项或者未来会影响企业发展的事情都需要管理。

四、要区分管理"科不科学"与管理"严不严"的问题

在咨询辅导的过程中，我们经常听到有的企业家说："我企业员工是9点上班，我的同行都是8点上班，所以说我企业的管理没有同行的企业管理严。"也有的企业家说："我企业业务员每月的销售任务是100万元，而同行企业业务员每月的销售任务是10万元，所以我企业对销售的管理比同行要严。"

以上的说法，就是把管理"科不科学"与管理"严不严"的问题混淆了。因为不同的企业根据不同的情况，制定作息时间和确定任务目标，作息时间的早晚和任务目标的大小都是管理内容，管理的内容是根据企业情况和所处的行业情况分析确定的。如果某家企业9点上班比8点上班更好，则说明9点上班更符合企业实际，更科学，并不是严不严的问题。如果规定了9点上班，而员工迟到得比较多，则说明管理不严，如果大家都能按时到岗，则说明管理得比较严，大家都能遵守。所以，要区分管理"科不科学"与管理"严不严"的问题，就要明确以下几点。

1. 管理科不科学。说的是管理的内容、手段和方法。

2. 管理严不严。说的是有没有规定、规定了有没有做到。

3. 管理要不要严。管理一定要严，要根据企业的实际情况确定管理的内容和要达到的标准。但是一旦确定了，就要严格执行，如果确定了不严格执行，企业的制度就会形同虚设，企业的执行力就无法得到保障，管理体制就无法发挥作用，战略也就无法落地。

五、要明确管控体系设计的核心思想

综合以上所述,企业管控体系设计的核心思想有以下几点。

1. 管理依据治理结构开展,与股权结构无关;

2. 只要有经营就要有管理,不存在无管理的经营;

3. 管理依据经营进行设计,管理模式依据经营模式制定;

4. 管理要科学,要根据企业实际情况进行设计;

5. 管理要严格;

6. 管理是为企业长盛不衰而服务,要根据企业成长所处的阶段去设计管理体系;

7. 扩张必须建立在坚实的管理基础之上;

8. 管理进步基于良好的管理方法与手段;

9. 没有管理改进的愿望,企业实际上已经死亡。

运用归零思维设计管控体系

一、企业家梦想如何实现

每个企业家都有自己的梦想,这个梦想也许是创造财富,也许是实现自我的人生价值,也许是为社会作出贡献。但是梦想要实现,就必须通过提供产品或者服务来满足消费者的需求,满足消费者需求的过程,就是梦想实现的过程。如下图所示。

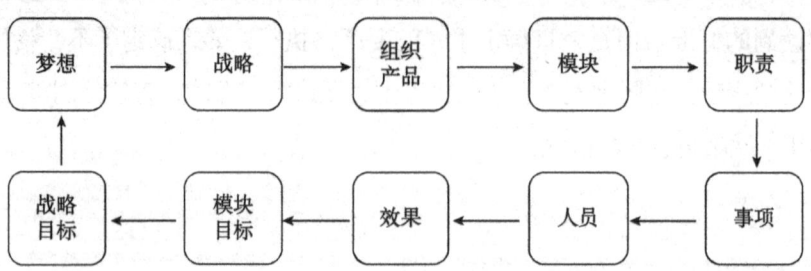

企业家梦想实现的过程如下。

1. 企业家的梦想要转化为企业的战略；
2. 企业的战略要依托产品或服务来实现；
3. 产品或者服务的产出要划分为不同的模块来实现；
4. 为了实现各模块的目标，要确定各个模块的职责；
5. 各个模块的职责的实现要通过事项来分解；
6. 为了达成事项需要配备人员；
7. 人员的贡献转化为工作的效果；
8. 当每个岗位的人员达成了工作效果，模块的目标就实现了；
9. 当各个模块的目标都实现了，战略目标就达成了；
10. 当战略目标达成了，企业家的梦想就实现了。

企业家梦想实现的过程，其实质就是通过企业经营管理的手段达成企业经营目标的过程。

二、企业使命如何实现

企业使命是指企业在全生命周期，能为社会贡献什么样的价值，具有什么存在意义。

任何企业要体现价值和使命，就要依托产品或服务，企业如果离开产品或服务，价值和使命就无从谈起。

企业要实现企业的使命，就要生产出对社会有使用价值的产品，或者提供出对社会有使用价值的服务。

三、企业战略如何落地

企业的战略目标，就是企业为了实现企业使命所订立的经营和发展目标。

既然企业使命要通过产品或服务来实现，那么企业战略目标就是企业提供的产品或服务所要达到的标准以及需要实现的规模。

企业的产品和服务由员工创造出来，并输送到产品和服务的使用者手中的过程，就是企业战略落地的过程。如图所示。

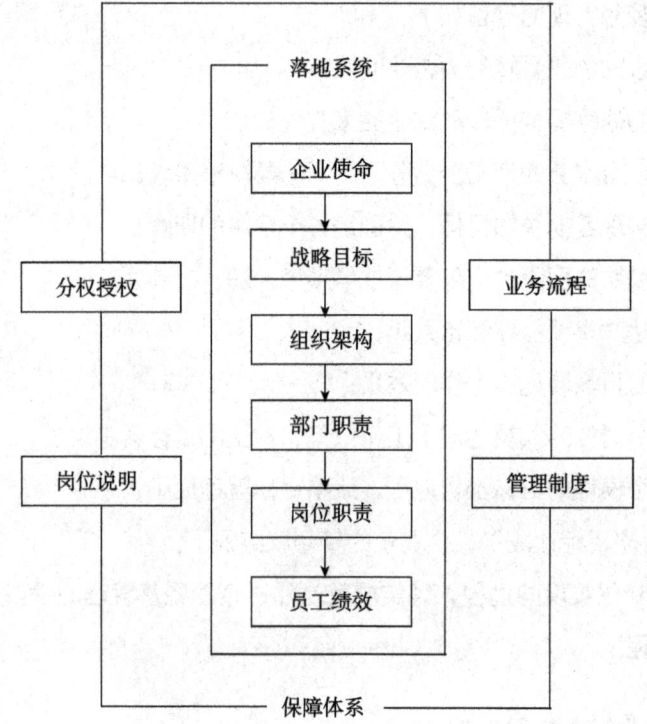

为了实现这一过程,我们要开展以下工作。

1. 企业的战略目标要由组织去承担,组织需要分工,分工就要有结构,所以要制定组织架构。

2. 企业的组织架构由部门构成,所以要制定部门职责。

3. 部门由不同的岗位构成,所以要制定岗位职责。

4. 有了岗位职责,员工不执行怎么办?所以要制订员工绩效方案。

5. 员工的绩效达成了,产品或服务就实现了。

6. 为了保障产品能够顺利产出,服务能够顺利提供,首先要明确业务流程。

7. 为了保障员工在操作中能依据流程,不违背流程,需要建立管理制度。

8. 为了防范员工不熟悉、不明白、不担责,需要建立岗位说明。

9. 为了防范在执行中因为流程过长,导致效率低下,需要分权授权。

在上图中,从企业使命逐步分解到员工绩效的过程,就是企业战略落地的过程,我称之为落地系统。而业务流程、管理制度、分权授权和岗位说明，是为了保障企业使命能够顺利落地，需要具备的辅助模块，我称之为保障体系。

　　以上十大模块就组成了一个完善的企业管理体系，该管理体系是企业战略到落地实施的逻辑体系。

第五章　运用归零思维打造高效团队

退路归零全体向上

团队是向上流动的水。

我们要建立向上的团队，要实现退路归零。

我认为团队是向上流动的水，这个观点怎么理解呢？

团队为了实现自身目标，像河流一样奔腾向前，但是团队是由团队成员组成的，只有团队中的每一个成员都努力向前，整个团队才能到达目标中的"大海"。

水的流动是因为地球的引力，产生了从高向低流动的力量，最终汇入大海，水的自然流动是因为有外在动力，而团队为了实现团队目标，向前发展，却必须依靠团队自身的力量，而团队的力量又来自每一个成员，就好比水向上流动，充满了压力与挑战。

在企业的晋升体系中，成员从员工级别一级一级地往上升，但是级别越高，岗位越少，需要的人也越少。大部分企业对员工的晋升体系规划不科学，假如原来某一个员工干得不错，现在本部门缺少一个主管，企业领导层通过商议，将该员工提拔为部门主管。但是工作了一段时间后，发现该员工能力不足，无法胜任主管岗位，就让该员工不再担任部门主管，重新降为一般员工，重新回到原来的岗位。

乍一听，这很合理啊，能干就上去，不能干就下来，人尽其才。

实际上，企业中这种情况对人才发展和企业发展都是非常不利的，会降低整个企业的组织效率，也不利于员工个人的职业发展。

假如员工干得不好，就可以降级任用或回到原来的岗位，那么员工在遇到困难时，就会想到组织会为他留好后路，他大不了再回去，回去后依然有岗位可以工作，那么他就不会全力以赴，想尽一切办法克服困难向前进了。

好比有一条河流，河流里面的水本该向同一个方向流动，但是有一部分水正在逆向流动，那么整条河流的正常流速将会大大降低，到达"大海"的日期就会变得更长。

再比如游泳，所有的人都在向一个方向游动，但是忽然有人开始逆向游动，那么他就会阻碍全力向前的人，影响了整个团队游动的速度。以上楼梯为例，如果大家正在沿着楼梯往上走，此时有人要往下走，那么这个往下走的人，就会把往上走的队伍的整体速度给降下来。

那么，大家会问："既然不能胜任，也不能下来，该怎么办？"

我的意见是：平级调动，如果平级调动没有合适的岗位可以胜任，那就建立"出口"，让该员工从不能胜任的层级离开企业。如下图所示。

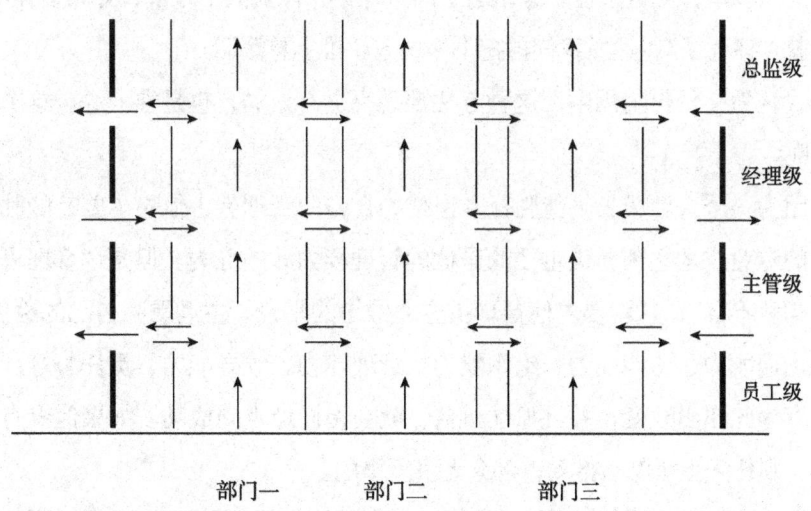

我们不但要在企业层面构建永远向上的体系，在部门内部也要构建永远向上的体系，如果在本层级不能胜任，要么平级调动，要么淘汰出局，实现向下流动情况的归零。

这样就不会在企业内部形成怠惰的思想，每个岗位的人员都只能奋勇向前，那么组织的活力和个人的潜力就能得到充分的释放，团队效能和员工素质就能不断提升。每个员工都能得到职业发展，鼓励不断上升，也可以平级调动，但是不可降级任用，不可"回流"。

虽然我知道这种情况很难做到，但是道理就是这样的。这就好比在战斗中，所有的士兵只能奋勇向前，在没有撤退命令的情况下，要么战死沙场，要么一直向前。如果制度中允许有人可以退下，那么将会使军心涣散，军队就丧失了战斗力。

这种没有撤退可言的指导思想，是一切组织、团队获得最终胜利的法宝。

我经常说，培养管理者的方法就是把他们"推上悬崖，再踹一脚"。

每个人在能胜任当前职位的情况下，也渴望得到提升，同时随着企业的发展，企业也需要更有能力的人满足新的岗位、新的领域对人才的需求，这就要求组织要不断地培养、任用适合的人才。培养一个合格的管理者，并非一件容易的事情，最可取的办法就是把他"推上悬崖，再踹一脚"。如果他抓住了悬崖边上的一棵草，或者抱住了悬崖边上的一棵树，他就活下来了，如果他抓不住，那他就"摔死了"，然后我们再把下一个人"推上悬崖"。

我认为在任何组织中，这种方法都是行之有效的，也是唯一的。这个怎么理解呢？

因为一个人要成长为能胜任本岗位的合格的管理者，他除了要有能胜任本岗位的专业技术之外，更重要的是他的管理能力和领导力。但是"管理可以学会，却教不会"，这就要求他要珍惜企业给予的平台，主动提高自己的胜任力，包括沟通能力、协调能力、组织能力、管理能力、领导能力、责任心等。如果他愿意为此作出改变，并且抓住机会，就会慢慢地走向成功。如果他没有这个决心，则任凭上级怎么推动，都会无济于事的。

我们在现实中经常听到一句话叫："扶上马，送一程。"一般情况下，我们培养一个人都是循序渐进的，需要不断地给予机会、不断地给予指导、不断地考验、不断地提升、不断地赋予更大的权力、不断地给予更大的责任。

不论我们培养的周期有多长，但是每一次跨越、每一次成长都是我们给了他一个更高的位置，而他也排除万难，突破了自我，守住了阵地，最终取得了成功。因此，"推上悬崖"是成长的前提，能力必须通过平台去提升，就是一个道理。

当我们把位置给他，如果他能胜任，那就最好不过了。如果他害怕了，退缩了，这个时候除了必要的指导和关怀之外，最有效的方式就是以"团队是向上流动的水"为指导，让"回流"归零，堵死退路。必要时，可以痛骂一顿，告诉他，行就干，不行就走人。如果最终仍不能胜任，那也只能换人。如果一味地培养、保护，那么这个人是永远不可能成为一个真正胜任的管理者的。

你的每一次成长、每一次跨越，都是因为组织给了你一个机会，而你也排除万难，抓住了这个机会。如果你没有奋力去抓住这些机会，那么就算组织给你再多机会，对你来说也没有什么意义。

华为用四年拿下俄罗斯市场，就是这么一个例子。

1995年，任正非决定带着在中国市场上畅销的华为数字化程控交换机进入俄罗斯市场，第一站选择的就是首都莫斯科。

但当华为团队来到俄罗斯，开始推广华为产品的时候，市场情况比预想中的还要困难。20世纪90年代中期，俄罗斯经济一片萧条。这也使俄罗斯的电信普及率不如改革开放前的中国，俄罗斯的各大电信企业都想要逃离这个萧条之地。当时俄罗斯的电信企业基本上不会用交换机。

面对俄罗斯艰难的电信市场开发条件，任正非并没有放弃，他仍然认为一旦俄罗斯经济复苏，华为就有机会在这片广阔的市场上大有作为。

李杰，西安交通大学的高才生，1992年进入华为工作。李杰是华为开拓湖南市场的"功臣"，因能打胜仗、敢打胜仗一直得到任正非的"特别照顾"。

李杰在接到华为人事部的任命通知后，便开始交接手头工作前往莫斯科。虽然感到事发突然，但他知道这就是任正非的行事风格。

1996年，华为进入了俄罗斯。一年后，华为终于接到俄罗斯国家电信局的第一张订单，价格仅仅为38美元。

华为在俄罗斯市场守了4年（1996—1999年），只收获了一个38美元的订单，"常胜将军"李杰打起了退堂鼓，想回到国内，或者去开拓非洲市场。任正非知道后勃然大怒，亲自给李杰立了"军令状"："如果有一天俄罗斯电信市场复苏了，但华为却没有一点份额，你就别回来了。"

在贫瘠的市场环境下，李杰只能坚持，因为他知道任正非的"军令状"可不是唬人的。

1999年，华为在俄罗斯电信市场上依然看不到突破口，在日内瓦世界电信大会参会的间歇，任正非对李杰说："李杰，如果有一天俄罗斯市场复苏了，而华为却被挡在了门外，我就唯你是问。"李杰说："好。"

李杰在俄罗斯的工作强度远远超出他在湖南市场的工作强度，就连他的周末时间也被安排了满满的工作行程。

在李杰和团队高强度的工作之下，业务终于有了起色。

在国内的任正非，时刻关注着俄罗斯那边的情况，不断往俄罗斯那边输送人才。任正非为了俄罗斯市场从众多高校毕业生中招聘到了许多优秀人才，将其派遣到俄罗斯帮助李杰。李杰在俄罗斯一边进行市场推广，一边建立华为在俄罗斯的营销团队。

也许当时的李杰怎么也想象不到，20年后，俄罗斯市场每年为华为贡献的收入超过140亿元。

任正非多年来的坚持，终是没有白费！

（资料来源：周锡冰．任正非谈华为国际化．海天出版社，2018．）

环境归零激活新生

"屁股决定脑袋"与"归零思维"有关系吗？我的答案是：有。

当人们出现工作压力过大、生意失败、亲人离世、感情受挫以及遭遇其他重大变故的时候，心情会非常糟糕。这个时候我们经常会选择换个环境，或是外出旅游，或是换一个城市工作。这是为什么呢？

这是因为我们在新的环境中就会认识新的人，接触到新的事物，产生新的思想，就会改变以往的认知。当我们"放下"了，就会重新"得到"，就会开启新的事业、生活。

中国人讲命运，我也经常思考关于命运的话题，当然关于命运的话题是很大的，在此不做深入讨论。但是西方人不说改变命运，而说改变际遇，这就好解释了。我理解的"际遇"就是在时间和空间中的遭遇，在不同的时间和空间我们遇到的人和事都会不同，所以我们要改变自己的人生，就要设法改变自己生活的时间和空间。

为什么说这个呢？是因为我在本书的第一章已经讲过了，归零思维离不开对空间和时间的思考。当我们换一个空间重新开始，这种情况就是一种原有空间状态的归零。

我们经常听到一句话叫："屁股决定脑袋。"实际上就是让"屁股"所处的原有空间达到归零状态，给"屁股"一个新空间，在新空间里，"脑袋"就会生出新的思想。我用"屁股决定脑袋"的原有空间归零思维，作出了很多管理改进，不但管理成本低，而且效果好。

到底如何运用呢？我讲几个例子。

作为一个新的主管，空降到一个部门之后，一般前三个月是非常关键，也是非常难以度过的，职场上有一句话叫："前三脚难踢。"如果这个新主管在前三个月没有作为，则企业领导会认为这个主管没有能力，可能没有过试用期就被辞退了。但是如果这个主管急于改变现状，动作过大，就会因为在改革中触及员工或企业的利益，导致不断出现反对的声音，出现各种阻力，工作很难推进，最终宣告失败而被迫离职。所以一个新主管前几个月的存活期非常难，"不动"则误以为没有能力，"动"则往往把自己推上了一个无法收场的窘境。

那么，到底如何才能平稳地度过试用期，一步一步地走向成功呢？"屁股决定脑袋"的原有空间归零思维，可以给予很大的帮助。

新主管初入一个组织，"不动"则被视为无用，"大动"则容易引火烧身，所以前期应采用"动思维不动利益"的原则，逐步推进改变的发生。

所有工作的推进，都必须先从改变思维入手，新主管进入团队，但是团队成员基本上都是用原有思维来面对新主管的，如何传递出"新主管来了，大家的思维要动一动了"的信号呢？那就可以用"屁股决定脑袋"的原有空间归零思维来解决。

我以往的管理经验是这样的：到了一个新的企业或者新的部门，我先观察了解一周时间。一周以后我告诉大家，大家的办公室座位要进行调整，原来的工作内容不变，但是座位要变，哪怕这个部门只有两个人对桌办公，座位也要进行调换。

在这个过程中，矛盾就会暴露出来。有的员工会说："我在这个地方坐了好几年了，凭什么让我换座位？"有的员工则说："烦死了，坐在哪里不是都一样干工作吗？为什么要换？"还有的员工会说："我就是不换座位，看你能把我怎么样，要么我就不干了。"等等。各种情况都有。

换座位实际上就是利用了"屁股决定脑袋"的原有空间归零思维。其作用如下。

一是换座位既不是换岗位，也不是调薪资，对于员工利益没有影响，但是传递出了"新领导来了，要有所改变了"的思想。

二是如果连换个座位，都无法推动，那么往后对人事、业务、绩效的改革，就更难推动了，所以这是一个前期"动土"的动作。

三是通过换座位这个小动作，就能看出团队中哪些员工服从大局，哪些员工以自我为主，哪些员工愿意改变，哪些员工故步自封。

四是如果因为换座位这个事情，出现了一定的矛盾，上级领导也会理解，毕竟没有原则性错误，一般上级领导也会无理由的支持，就为之后推动一系列的改变，迈出了第一步。

在十多年前，我在担任职业经理人的时候，新到一家企业，发现这家企业组织架构混乱，员工分工不清，业务流程不顺，管理制度不全。我就重新梳理了人员情况，理顺了业务流程，为了管理变革能够快速推进，一周后，我就安排同事换座位。这个时候，同事们各有各的说辞，但是大部分同事都是按要求执行的，只有一个同事的反应比较强烈，说："怎么这么多事？要换我座位，我就辞职不干了。"通过调查了解，这位同事业务能力一般，而且组织意识、团队意识、服务意识都很差，我正愁着找不到"杀一儆百"的"一"呢，这不送上门了吗？

我首先和他谈话，告诉他换座位不影响大家开展工作，只是为了让大家作出思想上的改变，是我推动流程改革的第一步，希望他能理解和配合。他说："不同意，若一定要让我换座位，我就离职。"我说："那没有办法了，你就拿离职报告给我吧。"当我签字同意他离职的那一瞬间，他的眼眶湿润了。但是在当时，一切都这么定了，通过一个小小的换座位的动作，就轻松地清除了管理变革道路上的障碍，起到了杀一儆百的作用。从此以后，所有管理优化改进，都顺利地推进了，大家也理解了我的用心。

这里面一个重要的点在哪里呢？那就是我通过动"屁股"，动了他看问题的角度，他的思想也随之改变。同时"座位"和"职位"紧密相关，大家也能意识到，如果不服从"座位"安排，下一步"职位"方面就不好说了。

在我辅导的项目中，有这么一个案例。

这家企业的营销经理的管理能力遇到了瓶颈，公司总经理特别头疼，但是换人也不好换，因为招不到合适的人才。另外，该营销经理在公司工作十多年了，对公司比较忠诚，总经理让我给帮忙提升一下他的管理能力。

我到这家企业去调研，经过了解，这个营销经理是个女同志，企业营销系统有两个部门，销售部和客服部，销售部有销售员40多人，客服部有客服人员5人，但是销售经理没有独立的办公室，和客服人员在一起办公。

我们知道，一般企业的客服部门电话不断，客服要联系业务员、客户、生产、物流、财务等，环境嘈杂。而且客服人员来不及接听的电话，营销经理还要把电话接起来，这往往打乱了营销经理的思路，使她无法独立思考。她所听到的、看到的，都是客服问题，已经全然不知自己是营销经理，要重点抓市场开拓、客户开发，要重点提升产品销量、扩大营收的事情了。

这就是一个典型的"屁股决定脑袋"事件。我告诉总经理，要用归零思维，让营销经理实现原有空间状态的归零。于是我建议总经理，给营销经理一个安静独立的办公室，让她离开这个客服办公室，几个月之后，她的管理能力一下子就提起来了，企业的销售业绩也开始快速增长。为什么会这样呢？是因为作为一个管理者，必须独立思考，而要做到独立思考，就必须要有适合独立思考的空间，只有给予独立空间，才能独立思考。要重新开始独立思考，就要做到原有空间状态归零。

我的这个观点也符合管理大师通用电气集团CEO杰克·韦尔奇的管理理念。杰克·韦尔奇曾说过，如果级别相同的两个主管，一个整天忙于处理业务，另一个业务不多，但是好像在静静地思考，一般情况下后者的绩效会高一些。如果杰克·韦尔奇先生到企业各部门视察时，若发现低头忙得不可开交的主管，他就会给予特别指导，要求其闭门思考，对于正在静静发呆的主管，则给予肯定。

我们在不同的时间和空间，遇到的人和事都不一样，我们可以通过改变我们所处的时间和空间，来改变我们的人生际遇，就相当是改变了我们的人生轨迹，在一定意义上就相当是改变了我们的命运。

在管理工作中，我们通过改变事件发生的时间和空间来改变事件的结果；通过改变下属在事件中所处的空间和时间，来改变下属的际遇，让他看到不同的人和事，以改变他的思想。他的思想改变了，工作的结果就改变了，改变的过程就是实现管理目标的过程。

运用归零思维建立规则体系

规则是隐性的制度，制度是显性的规则。

曾经有一个做家纺的女企业家请教我，她说："高老师，我对员工可好了，我在开公司之前，开过蛋糕店，做的蛋糕很好吃，也喜欢做美食。我经常请员工到我家去吃饭，如果员工生病了，我就包水饺给员工送去，春节，我会做很多蛋糕，让员工带回家去给家里人吃，我的员工的工资也不低。可是过完年以后，很多工人都不来上班了，我对员工这么好，但是员工为什么不感恩呢？"

我问她，您企业有多少员工，她说有100多人，我说，您是每次都给所有员工包水饺吃吗？她说，那能包得过来吗？那么多人，怎么包得过来？我就看今天谁不太忙，就让他到我家来吃水饺了。我问，您过年的时候，给每个员工都送蛋糕吗？她说那不可能，我做了蛋糕放到办公室，谁想带谁就带上些。

我说，您这是好心，但是您没有规则。

我又问员工工资是怎么涨的。她说来的时候和员工谈的，有人嫌工资低，来找我，我就让财务适当地给涨一点。

这就是典型的管理无规则的案例。

我说当您把不忙的员工请到您家吃水饺的时候，那些正在加班的、干活的员工会怎么想？当那些手疾眼快的员工把蛋糕拿回家的时候，那些老实本分的员工会怎么想？当找您哭穷的员工涨了工资，那些不好意思开口的员工会怎么想？

我们作为企业家，一言一行都是在制定规则，并在维护规则。一旦做事没有了规则，虽然我们关心了一个人，却得罪了一群人。

制度是显性的规则，规则是隐性的制度。

一定要让员工明白，什么情况下才能到您家吃水饺，什么情况下才能涨工资。这些规则必须明确，有些事情即便是不公开讲明，也要让大家心照不宣。

规则体系有两个重点：

一是次序，世界上没有两片相同的树叶，同理，世界上没有两个完全相同的人，所以建立次序是非常重要的。首先，我们要从企业的架构中确立层级体系，让每个人知道自己所处的层级；其次，在平级部门中，根据企业战略，以部门在当前发展阶段所发挥的作用，对部门进行排序，对重要部门要有资源配置上的倾斜；最后在部门内部，按照岗位的重要性，对岗位进行排序，对重要岗位要重点关注，并在部门内部建立人才梯队。这个时候大家就明白了自己所处的位置，就开始先进带后进，后进学先进，开始了你追我赶。如果有一个人，认为自己和别人都是一样的，那么这个时候攀比抱怨就会产生。所以要让全员知道自己所处的位置、所占据的次序，要让不知道自己所处位置的员工数量为零。

二是底线，要让员工明白什么是在企业永远不能触碰的红线。比如，海尔

归零——归零思维再造企业

张瑞敏砸冰箱的故事,就是海尔坚守质量是底线的生动表现;柏涵管理咨询确立的底线就是永远不能危害客户利益。当底线确立了,员工就会自觉地维护底线的权威,不会作出格的事情。既然是底线,那就要求永远不能跨越,即越过底线的情况为零。

运用归零思维防范员工做私单

在柏涵管理咨询举办的公开培训课上,经常有企业家提出如何预防员工做私单的问题,这也是企业管理过程中比较常见而且难以管控的问题。

一个优秀的销售人员手上的客户价值是不可限量的,若员工经常接私单,那就意味着企业会损失很大一笔财富,而且会对企业信誉和企业管理造成巨大的伤害。

那么,企业应该怎样避免这种情况的发生呢?企业应该从以下几个方面入手。

一、防范私单的基本原则

1. 所有经济业务均要签订经济合同,且加盖企业印章。
2. 所有收款均收到企业指定账户,并向客户提供收款收据和发票。
3. 定期与客户进行对账。
4. 建立客户档案,熟悉掌握企业所有客户信息和情况。
5. 走访或者访问终端客户,加强感情联络。
6. 加强员工关怀,尽可能减少员工的离职,尤其是优秀的销售员。制订合理的绩效和提成方案,销售人员满意了,离职率才会降低。
7. 签订劳动合同,明确义务、责任,一旦发现问题诉诸法律解决。
8. 业务人员入职时签订竞业限制协议,可以约定在离职后对企业的经营情况、客户情况进行保密,保密期限一般为离职后3年,3年内不能从事与企业行业相同的工作。只要在合同期,离职员工就有保密的义务,保密协议也是有效的。

二、作为甲方如何判断是否与乙方业务员签了私单

作为一个企业的客户（甲方），如何判断是与乙方企业合作，还是名义上与乙方合作，实质上是与乙方的业务人员在交易？判断方法如下。

1. 是否在乙方的工作场所签约。

2. 是否有乙方的总经理、业务经理、业务主管等领导人员的电话或微信，并与乙方的领导人员有过交流。

3. 是否加入乙方的企业微信、业务交流群，群里是否有除业务人员之外的其他服务人员。

4. 是否认识乙方的其他工作人员及领导。

5. 是否把款项直接付至乙方企业指定账户，该指定账户是否有乙方企业提供的证明材料。

6. 是否被邀请参加乙方组织开展的各种订货会、答谢会、交流会。

甲方应避免与乙方的业务人员直接合作，根据企业法的相关规定，有限责任公司以其全部资产为其债务承担责任。在经济活动中，一旦发生经济纠纷，乙方企业会以其全部资产来承担后果，甲方的利益一般会得到保障。若单方面与业务人员进行合作，可能在价格及费用支出上会少一点，但是发生问题，乙方的业务人员是无法承担造成的后果的，乙方的业务人员既要防止企业知晓，又要以一己之力，设法周全，出现供货不及时或服务跟不上，造成的损失一般难以挽回，甲方容易贪小便宜，而吃大亏。

三、如何强化监管、杜绝私单

1. 要明确管理要求

客户是企业最重要的资产，作为全职员工，企业支付了工资，企业的平台是全体员工共同打造的，不可以利用职务之便，将企业变成谋取私利的平台。

2. 要明确法律责任

我国刑法第163条规定，企业、企业或者其他单位的工作人员利用职务上

的便利，索取他人财物或者非法收受他人财物，为他人谋取利益，数额较大的，处五年以下有期徒刑或者拘役；数额巨大的，处五年以上有期徒刑，可以并处没收财产。企业、企业或者其他单位的工作人员在经济往来中，利用职务上的便利，违反国家规定，收受各种名义的回扣、手续费，归个人所有的，依照前款的规定处罚。

3. 保持和客户的亲密接触

在一定的市场范围内，客户之间是相互熟悉的，通过各种场合与客户保持交流，了解企业业务人员的业务开展及服务情况，让外界知晓哪些员工是企业的在职员工，哪些员工已经离职。了解员工是否私自签约，是否私自收款，是否在业务合作中有其他违规行为。

4. 多渠道公示企业信息

要多渠道告知企业与客户合作的基本要求，以便客户进行自主判断，防止客户因不知情而实质上与现有员工及离职员工发生交易，产生私单。要把企业的网站、地址、电话、合作方式等公之于众，给客户提供公开监督和投诉的渠道。

5. 明确对客户的基本承诺

企业要明确对客户的基本承诺，以便客户根据工作人员的业务开展情况，及时向企业反馈。本节最后附有柏涵管理咨询对客户的十条承诺及声明，供读者参考。

柏涵管理咨询对客户十条承诺及声明

一、我们不会危害客户任何利益。

二、我们在法律允许范围内实施和开展各项业务，在开展业务过程中不会危害任何第三方利益。

三、我们对于在开展工作中知晓的客户商业秘密进行严格保密，若有泄密对客户造成损失，我企业将承担相应法律责任，并对泄密者依法严惩。

四、我们在工作中不接受客户任何形式的答谢，包括但不限于接受吃请、收受礼物、现金、红包等。

五、我们会在合同约定的范围内完成所有约定的服务，但在合同约定之外，客户有任何管理、财税、法律及其他问题，均可以在任何时候到访或致电我企业，我们将视客户问题为自己的问题，尽最大努力帮助客户解决。

六、我们与客户发生的所有经济业务，均签订合同，我们以企业全部资产为客户业务承担责任。

七、我企业所有收款均提供企业指定收款账户，我企业任何员工都不具有代为企业收款之权力，请务必直接汇款至我企业指定账户，我企业提供收据和发票。

八、我们的在职员工均为全职，我们不会利用在企业的职务之便，开展与我企业业务范围相同的业务，若有，我们将承担相应的法律责任。若有业务需要，请通过正常渠道与我企业合作。

九、我们提供的各项专业服务，是基于我公司强大的专业团队、完善的内部质量控制体系、有效的内部审计监察程序以及良好的公司信誉，并非某一员工个人能力。请不要利用在服务中形成的良好关系，试图挖走我们，以便我们继续为广大客户做好服务。

十、我们承诺为客户尽职尽责做好服务工作，请客户在任何时候针对任何问题向我们提出投诉建议，我们将及时答复并诚恳改进。

对于员工做私单的问题，我们要通过明确告知员工基本要求、建立管理制度、保持与客户的深入交流、公开企业信息并接受客户监督等程序，实现管控过程无遗漏，风险点归零，私单的问题就能有效防范。

第六章 运用归零思维打造企业文化

企业文化概述

我到一家企业去调研,进入这家企业后,该企业正在开晨会,晨会快要结束了,我听到了震耳的口号声:今天好不好?好!很好!非常好!把我吓了一跳。后来在辅导交流的时候,我问该企业负责人,您企业的企业文化是什么?负责人说:"我们每天都要喊口号,口号是:好!很好!非常好!"我问:"还有吗?"他说:"就是这个啊,没有其他的了。"这只是企业文化很小的一个点,而且也是表象的,企业文化要做到内涵和外在表现完全一致,包含了很多方面的内容,可以利用归零思维,对企业文化的方方面面进行深入探讨分析,建立一套完整的企业文化系统。

一、企业文化释义

企业文化是企业的灵魂,是一个企业由其核心价值观、经营理念、各种活动仪式、形象标识、处事方式等组成的其特有的文化形象,简单而言,就是企业在日常经营中所表现出的各方各面。企业文化是企业生产经营和管理活动中所创造的具有企业特色的精神形态,主要包括文化观念、价值观念、企业精神、道德规范、行为准则、历史传统、企业制度、文化环境、企业产品及服务等。

企业文化能推动企业不断地向前发展,企业文化是企业生存和发展的灵魂。企业文化的核心是企业的精神和价值观。企业价值观主要是指企业或企业中的员工在从事经营活动中所秉持的价值观念。

二、企业文化的主要构成

1. 表面层的物质文化

表面层的物质文化，称为企业的"硬文化"，包括厂容、厂貌、机械设备、产品类型、外观、质量、企业标志、核心技术、服务内容等。

2. 中间层的制度文化

中间层的制度文化，包括领导体制、管控模式以及各项规章制度等。

3. 核心层的精神文化

核心层的精神文化，称为"企业软文化"，包括各种行为规范、价值观念、企业的群体意识、职工素质和优良传统等，是企业文化的核心。

三、企业文化的要素

1. 企业环境

企业环境是指企业的行业性质、企业的经营方向、企业的外部环境、企业的社会形象、与外界的联系等。

2. 价值观

价值观是指企业内部员工对某种事件或某种行为好与坏、善与恶、正确与错误的一致认识。价值观是企业文化的核心，统一的企业价值观是企业内部员工在工作过程中判断自己行为时依据的标准，并以此来决定自己的行为。

3. 模范人物

模范人物是指企业文化的核心人物或企业文化的人格化，其作用在于树立样本，产生仿效与引导，对企业文化的形成和强化起着极为重要的作用。

4. 文化仪式

文化仪式是指企业内的各种表彰、奖励、交流、培训、答谢、关怀、庆祝、纪念等有仪式的活动，使员工通过这些活动来领会企业文化的内涵。

5. 文化网络

文化网络是指非正式的信息传递渠道，主要是传播文化信息。它是由某种非正式的组织和人群所组成，它所传递出的信息往往能反映出职工的愿望和心态。

归零——归零思维再造企业

四、企业文化的本质

文化是通过制度的严格执行衍生而成,制度上的强制或激励最终促使群体产生某一行为自觉,这一群体的行为自觉便组成了文化。制度是深层次的文化,是文化的保障。

制度约束行为,行为养成习惯,习惯体现为文化。比如,"光盘行动",国家提倡剩菜剩饭打包,大家就从不好意思打包,改变为开始打包,后来打包就变成了一种风气,慢慢地剩菜打包就变成了一种节约文化。

比如,最初有些城市车辆很少礼让行人,后来《道路交通安全法》增加了礼让行人的规定,大家就开始礼让行人,慢慢地礼让行人就成为一种习惯,最后礼让行人的文化就形成了。

企业文化的形成要依赖企业制度,企业的管理制度是企业文化形成的基础。

五、企业文化的意义

1. 企业文化能激发员工的使命感

企业使命感是全体员工工作的目标和方向,是企业不断发展或前进的动力之源。

2. 企业文化能凝聚员工的归属感

企业文化的作用就是通过企业价值观的提炼和传播,让一群来自不同地方的人共同追求同一个梦想。

3. 企业文化能加强员工的责任感

企业要通过大量的资料和文件宣传员工责任感的重要性,管理人员要给全体员工灌输责任意识、危机意识和团队意识,要让大家清楚地认识到企业是全体员工共同的企业。

4. 企业文化能赋予员工的荣誉感

每个人都要在自己的工作岗位、工作领域,多做贡献、多出成绩、多追求荣誉感。

5. 企业文化能实现员工的成就感

企业的强大关系到每个一企业员工的生存，企业强大了，员工就会引以为豪，荣誉越多，成就感就越大。

企业文化的主要内容及功能

一、企业文化的主要内容

企业文化的内容是十分广泛的，主要有以下几点。

1. 经营哲学

经营哲学又称为企业哲学，是一个企业特有的从事生产经营和管理活动的方法论原则，它是指导企业行为的基础。在激烈的市场竞争环境中，企业面临着各种矛盾和多种选择，要求企业有一个科学的方法论来指导，有一套逻辑思维的程序来决定自己的行为，这就是经营哲学。例如，日本松下公司"讲求经济效益，重视生存的意志，事事谋求生存和发展"，这就是它的战略决策哲学。

2. 价值观念

价值观念是指人们基于功利性或道义性的追求而对人们（个人、组织）本身的存在、行为和行为结果进行评价的基本观点，价值观念决定着人的追求目标。价值观不是人们在一时一事上的体现，而是在长期实践活动中形成的关于价值的观念体系。企业价值观是指企业职工对企业存在的意义、经营目的、经营宗旨的价值评价，是企业全体职工共同的价值准则。只有在共同的价值准则基础上才能产生企业正确的价值目标，有了正确的价值目标才会有奋力追求价值目标的行为，企业才有发展的希望。

因此，企业价值观决定着职工行为的取向，关系企业的生死存亡。只顾企业自身经济效益的狭隘价值观，不仅会损害国家和人民的利益，还会影响企业的整体形象；只顾眼前利益的狭隘价值观，就会急功近利，搞短期行为，使企业失去发展后劲。

3. 企业精神

企业精神是指企业基于自身特定的性质、任务、宗旨和发展方向，并经过精心培养而形成的企业成员群体的精神风貌。企业精神要通过企业全体职工有意识的实践活动体现出来，是企业职工观念意识和进取心理的外化。企业精神以价值观念为基础，以价值目标为动力，对企业经营哲学、管理制度、道德风尚、团体意识和企业形象起着促进的作用。因此，企业精神是企业的灵魂。

4. 企业道德

企业道德是指调整企业与社会、企业与国家、本企业与其他企业之间、企业与顾客之间、企业内部职工之间关系的行为规范的总和。它是从伦理关系的角度，以善与恶、诚实与虚伪等道德范畴为标准来评价企业行为的。

企业道德与法律规范和制度规范不同，不具有强制性约束力，但具有积极的示范效应和强烈的感染力，当被人们认可和接受后具有自我约束的力量。因此，它具有更广泛的适应性，是约束企业和职工行为的重要手段。

5. 团体意识

团体即组织，团体意识是指组织成员的集体观念，是企业内部凝聚力形成的重要心理因素。企业团体意识的形成使企业的每个员工能把自己的工作和行为都看成是实现企业目标的一个组成部分，使他们对自己作为企业的成员而感到自豪，对企业的成就产生荣誉感，从而把企业看成是自己利益的共同体。因此，员工就会为实现企业的目标而努力奋斗，自觉地克服与实现企业目标不一致的行为。

6. 企业形象

企业形象是企业通过外部特征和经营实力表现出来的，被消费者和公众所认同的企业总体印象。由外部特征表现出来的企业的形象称表层形象，如招牌、门面、广告、商标、服饰、营业环境等，这些都给人以直观的感觉，容易形成印象；通过经营实力表现出来的形象称为深层形象，它是企业内部要素的集中体现，如人员素质、生产经营能力、管理水平、资本实力、产品质量等。表层形象是以深层形象为基础，没有深层形象这个基础，表层形象就是虚假的，也不能长久地保持。

企业形象还包括企业形象的视觉识别系统，比如，企业色彩、企业宣传片、企业画册、企业文化展示墙等，是企业对外宣传的视觉标识，也是外界了解企业的视觉认知。

7. 企业制度

企业制度是在生产经营实践活动中所形成的，对人的行为带有强制性，并能保障一定权利的各种规定。从企业文化的层次结构看，企业制度属中间层次，它是精神文化的表现形式，是物质文化实现的保证。企业制度作为职工行为规范的模式，使个人的活动得以合理进行，人际关系得以协调，员工的共同利益受到保护，从而使企业有序地组织起来为实现企业目标而努力。

8. 企业使命

企业使命是指企业在社会经济发展中所应担当的角色和责任。是企业存在于世，能为社会提供什么价值，也是指企业存在的意义。企业使命为企业目标的确立与战略的制定提供了依据。

二、企业文化的功能

1. 经营哲学和价值观念的指导功能

经营哲学决定了企业经营的思维方式和处理问题的法则，这些方式和法则指导经营者进行正确的决策，指导员工采用科学的方法从事生产经营活动。企业共同的价值观念规定了企业的价值取向，使员工对事物的评判形成共识，有着共同的价值目标，也使公司的领导和员工为着他们所认定的价值目标去行动。

2. 企业目标的指引功能

企业目标代表着企业发展的方向，没有正确的目标就等于迷失了方向。卓越的企业文化会从实际出发，以科学的态度去制定企业的发展目标，企业员工就是在这一目标的指导下从事生产经营活动的。

3. 企业文化的约束功能

企业文化的约束功能主要是通过完善管理制度和道德规范来实现。企业制度是企业文化的内容之一。企业制度是企业内部的法规，企业的领导者和企业职工必须遵守和执行，从而形成约束力。道德规范是从伦理关系的角度来约束企业领导者和职工的行为。如果人们违背了道德规范的要求，就会受到企业内部或者外部舆论的谴责，心理上会感到内疚，就不会作出不符合道德规范的行为。

4. 企业文化的凝聚功能

企业文化能凝聚人心，使大家以企业为荣，以团队为耀，有共同的目标和使命，从而在企业中形成一种团结友爱、相互信任的和睦气氛，强化了团体意识，使企业职工之间形成强大的凝聚力和向心力。共同的价值观念形成了共同的目标和理想，职工把企业看成一个命运共同体，把本职工作看成是实现共同目标的重要组成部分，整个企业步调一致，形成统一的整体。这时，"与企业共同发展"成为职工发自内心的真挚感情，员工之间就能更加团结，共同协作，员工凝聚力就产生了。

5. 企业文化的激励功能

共同的价值观念使每个员工都感到自己的存在和行为的价值，自我价值的实现是人的最高精神需求的一种满足，这种满足必将对企业职工有着强大的激励作用。在工作中，领导与职工、职工与职工之间互相关心，互相支持。特别是领导对职工的关心，职工会感到受人尊重，自然会努力工作，从而形成幸福企业。另外，企业精神和企业形象对企业职工有着极大的鼓舞作用，特别是企业文化在社会上产生影响时，企业职工会产生强烈的荣誉感和自豪感，他们会加倍努力，用自己的实际行动去维护企业的荣誉和形象。

6. 企业文化的调适功能

调适就是调整和适应。企业各部门之间、职工之间，由于各种原因难免会产生一些矛盾，解决这些矛盾需要各自进行自我调节；企业与环境、与顾客、与国家、与社会之间都会存在不协调、不适应之处，这也需要进行调整和适应。企业哲学和企业道德规范使经营管理者和员工都能自觉地约束自己。

7. 企业文化的辐射功能

企业文化关系到企业的公众形象。企业文化不仅在企业内部发挥作用，对企业员工产生影响，而且能通过传播媒体，公共关系活动等各种渠道对社会产生影响，向社会辐射。企业文化的传播对树立企业在公众中的形象有很大帮助。

确定企业使命的方法

企业使命是指企业由社会责任、义务所承担或由自身发展所规定的任务，是企业在社会进步和社会经济发展中所应担当的角色和责任，是指企业的根本性质和存在的理由，说明企业的经营领域、经营思想，为企业目标的确立与战略的制定提供依据。企业在制定战略之前，必须先确定企业使命。

一、企业使命的内涵

1.企业使命是企业生存的目的定位

企业使命实际上就是企业存在的原因或者理由，也就是说，是企业生存的目的定位。不论这种原因或者理由是"提供某种产品或者服务"，还是"满足某种需要"或者"承担某个不可或缺的责任"，如果一个企业找不到合理的存在原因，或者存在的原因连企业本身都不明确，企业就等于没有找到存在的价值，可以说这个企业"已经没有存在的必要了"。就像人一样，我们要经常问自己"我为什么活着"的道理是一样的，企业的经营者对这个问题要非常明确。

2.企业使命是企业生产经营的形象定位

它反映了企业试图为自己树立的形象，诸如"我们是一个愿意承担责任的企业""我们是一个健康成长的企业""我们是一个在技术上卓有成就的企业"等，在明确的形象定位指导下，企业的经营活动就会始终向公众昭示这一点，而不会产生短期行为。

二、企业使命的重要性

企业使命是企业存在的目的和理由，明确企业使命，就是要确定企业实现远景目标必须承担的责任或义务。使命足以影响一个企业的成败，一个强有力的组织必须要靠使命驱动。企业使命使企业不仅考虑是做什么的，更重要的是为什么做，是企业终极意义的目标。崇高、明确、富有感召力的使命不仅为企业指明了方向，而且使企业的每一位成员明确了工作的真正意义，激发出内心深处的动机。

三、确定企业使命的方法

企业使命包含了企业经营的哲学定位、价值观凸现以及企业的形象定位，是企业对自身和社会发展所作出的承诺，是企业存在的理由和依据。为了从战略角度明确企业的使命，应系统地回答下列问题。

1. 企业经营的指导思想是什么？
2. 我们的事业是什么？如何认识企业所做的事业？
3. 如何看待和评价市场、伙伴和对手？
4. 我们的顾客群是谁？
5. 顾客的需要是什么？
6. 我们用什么特殊的能力来满足顾客的需求？
7. 如何看待股东、客户、员工、社会的利益？

当通过深入探讨，明确回答了以上七个方面的问题之后，需要对得到的答案进行深入的提炼和升华，总结为简单易记且有感召力的语句，然后通过企业一定的审核程序，批准后进行公布。

以柏涵管理咨询为例，来说明这个问题。

1. 柏涵管理咨询的经营指导思想是：以专业的知识、系统的思维，为客户解决管理中存在的各种问题，通过客户企业管理水平的提升，进而提升广大企业的管理能力和经营业绩，通过广大企业经营能力的提升，为国家解决更多的就业和缴纳更多的税款，从而促进国家的经济繁荣和社会富强。

2. 柏涵管理咨询的事业是：为客户企业搭建管理体系并辅导落地执行。我们的事业是帮助企业家的事业，是充满社会责任感和社会效益的事业，是有功德、有大爱的事业。

3. 柏涵管理咨询的市场和行业情况是：我国经济迎来了历史上最好的发展机遇期，我国企业数量庞大，但是很多企业特别是中小企业管理水平较为落后，缺乏系统的管理思想、手段和方法。在国内有非常多的咨询企业，有以培训为主的、有以成功学为主的、有以传统文化为主的、有以营销咨询为主的，但是管理体系搭建并辅导落地实施的咨询企业比较少，行业需求较大。另外，管理咨询的落地是难点，也是行业痛点，落地辅导的周期长、成本高、对咨询师的能力要求高，同时能否落地实施，是检验咨询辅导是否成功的唯一标准。落地辅导要求咨询企业既要有理论水平，又要有实战经验，而且要和客户企业的实际情况相结合，是一种定制服务模式，周期长、工作量大，是个苦差事，没有情怀、没有事业心、没有长期战略规划的咨询公司是不会去做的。因为有广阔的市场，有行业痛点，并且柏涵管理咨询具备了做落地辅导的综合能力，有专业水平、有客户案例，能吃苦、能坚守，必将为行业发展和社会经济发展作出贡献。

4. 我们的顾客群是：中小型民营企业。

5. 顾客的需要是：咨询辅导能落地，能适合客户企业的实际情况，能解决管理中的实际问题。辅导后，企业的架构更清晰，制度更完善，流程更顺畅，人员更稳定，企业更规范，文化更先进。

6. 我们有满足客户需求的特殊能力。

一是完善的理论体系。柏涵管理咨询开展的所有辅导内容都是目前国内大型国企和上市企业正在执行并使用的管理思想和方法，而且与许多国际著名的管理大师所提倡的管理理论和方法一致，并且结合中小型企业的实际情况，在实用性方面做了深化和升华，形成了自有的完善的落地理论体系。

二是系统的辅导模式。我们坚持理论讲解—问题调研—计划制订—落实改进—检查验收的辅导模式，以实现问题的全面解决。

三是科学的辅导方法：我们与企业负责人和部门负责人进行深入的沟通，共同查找问题，共同制订方案，共同改进，在解决问题的前提下，提升管理层的管理能力。在辅导结束后，企业基本掌握了科学管理的理论和方法，企业管理具备了"自动运行机制"。

四是尽责的服务态度。我们的服务周期一般在半年以上，根据工作量，我们经常加班加点，以问题为导向，问题没有解决之前，我们不计时间成本。

五是明确的检验标准。我们每个单项辅导完成，由被辅导企业方负责人负责验收，如果负责人验收不通过，我们则会继续辅导，直至验收通过。

7. 柏涵管理咨询在面对各方利益方面坚持的顺序是：国家利益为第一，客户利益第二，员工利益第三，股东利益第四。

当我们明确了以上问题，我和全体员工进行了头脑风暴，大家提出了很多比较好的企业使命用语，通过多次酝酿，最终确定的企业使命是：助力企业转型升级，服务国家强国战略。

即：通过柏涵管理咨询的落地辅导，帮助企业规范化发展，实现企业管理的转型和升级，通过广大企业自身的发展，促进国家的强盛。

四、企业使命举例

1. 三星电子：为人类社会做贡献。
2. 通用电气：使世界更光明。
3. 苹果电脑：推广公平的资料使用惯例，建立用户对互联网之信任和信心。
4. 福特汽车：不断改进产品和服务，从而满足顾客的需求，只有这样我们才能够发展壮大，为股东提供合理的回报。
5. 奔驰汽车：努力使自己成为世界汽车工业的领头羊，企业的任何发展都要顺应时代的需求，不断创新，推动汽车工业的发展。
6. 华为公司：聚焦客户关注的挑战和压力，提供有竞争力的通信解决方案和服务，持续为客户创造最大价值；最低的总体拥有成本，更高的工作效率。
7. 可口可乐：我们致力于为企业股东创造价值，不断改变世界。
8. 正大集团：成为世界厨房，做人类能源的供应者，提供"生命之食品""精神之食品""生活之便利"。
9. 迪士尼公司：使人们过得快活。
10. 阿里巴巴：让天下没有难做的生意。

确定企业愿景的方法

企业愿景就是企业梦想，梦想可能实现，也可能实现不了，但是梦想必须要有，有了梦想未来才有可能实现。人类因梦想而伟大，愿景就是一个企业的梦想。福特公司在100年前提出的愿景是:"使每一个人都拥有一辆汽车。"那个时候只有政府和成功人士才能买得起汽车,但是到现在,这个梦想就基本实现了。

企业家要关注的是企业的愿景是否经常让你热血沸腾,甚至热泪盈眶;是否经常让你为它彻夜难眠;是否让你有一种热情,一股动力,使你为了实现这个愿景而不知疲倦的日夜操劳;是否想把这个愿景与您的朋友、您的员工、您的客户等进行分享。如果还没有,那么你就要开始确立企业愿景了。

一、企业愿景的内涵

企业愿景就是告诉人们"企业将会是什么",告诉人们企业将做成什么样子,是对企业未来发展的一种期望和描述。

企业愿景是指企业长期的发展方向、目标、目的、自我设定的社会责任和义务,明确界定企业在未来社会范围里是什么样子,其"样子"主要是从企业对行业、企业对国家、企业对社会的影响力和贡献力、在市场或行业中的排名(如行业第一、中国企业500强、世界500强)、与企业关联群体(政府、客户、股东、员工)之间的经济关系等方面来表述。

二、企业愿景的重要性

一个美好的愿景能够激发人们发自内心的感召力量,激发人们强大的凝聚力和向心力。只有清晰地描述企业的愿景,员工、社会、投资者和合作伙伴才能对企业有更为清晰的认识,才能为了实现企业愿景而不遗余力地提供帮助和支持,并以将来能实现这个愿景而感到自豪。

企业愿景也是企业文化的重要构成部分,伟大的企业愿景能明确企业的发展方向,能展示企业家的胸怀和魄力,能体现出企业文化强大的引领作用,为企业内部和企业外部关联各方描绘出企业蓝图,进而增强所有关联方对企业的信心,能为企业吸引更多的人才和资源。

三、确立企业愿景的方法

企业愿景既然可以理解为"企业未来的样子",那么为了确立企业愿景,我们需要思考以下三个问题。

1. 我们的企业是什么?
2. 我们的企业将是什么?
3. 我们的企业应该是什么?

当我们明白了以上三个问题,我们紧接着要思考并回答以下3个问题。

1. 我们要到哪里去?
2. 我们未来是什么样的?
3. 目标是什么?

当通过深入探讨,明确回答了以上六个方面的问题之后,继续对得到的答案进行深入的提炼、升华和总结,并经审核及内部批准后,予以公布。

继续以柏涵管理咨询为例:

1. 柏涵管理咨询是一家专注于企业管理系统搭建、落地辅导的专业机构,为企业提供架构设计、制度建设、流程优化等一站式管理系统落地服务。

2. 柏涵管理咨询将是在企业管理咨询行业口碑最好、服务最落地、工作最务实的企业。

3. 柏涵管理咨询应该是一家专业、专注并持续帮助客户提升经济效益,帮助客户发展的智力服务企业。

4. 我们要走向全国,成为国内知名咨询企业,帮助全国企业创富,为国家培养企业管理精英。

5. 我们未来将是客户遍布全国、员工来自全球、产值超过百亿,在国内乃至国际都有影响力的咨询企业。

6. 成为像麦肯锡一样有影响力的国际化咨询集团。

当我们明确回答了以上问题,我们最终确定的企业愿景是:帮助企业增收、促进企业发展、成为行业模范、达到国际一流。

即:柏涵管理咨询要永远以客户为中心,脚踏实地地为客户创造价值,得到客户的认可,把落地咨询的目标落到实处,为行业发展作出贡献,经过几十年的发展，最终成为国际一流的咨询企业。

四、企业愿景举例

1. 苹果电脑公司：让每人拥有一台计算机。

2. 福特汽车：汽车要进入家庭。

3. 可口可乐：通过生产高质量的饮料为企业、产品包装伙伴以及客户创造价值，进而实现我们的目标。

4. 迪士尼公司：成为全球的超级娱乐企业。

5. 华为公司：丰富人们的沟通和生活。

6. 青岛啤酒公司：（1）要成为拥有全球影响力品牌的国际化大企业；（2）用我们的激情酿造出消费者喜好的啤酒，为生活创造快乐。

7. 联想集团：未来的联想应该是高科技的联想、服务的联想、国际化的联想。

8. 国美电器：成为全球顶尖的电器及消费电子产品连锁零售企业。

9. 中国联通：创国际一流电信企业，做世界级卓越企业。

10. 星巴克：为客人煮好每一杯咖啡。

确定企业核心价值观的方法

　　核心价值观，简单来说就是某一社会群体判断社会事务时依据的是非标准，遵循的行为准则，是组织必须拥有的终极信念。作为一个中国人，我们必须坚持社会主义核心价值观。社会主义核心价值观分为三个层面：第一是国家层面：富强、民主、文明、和谐；第二是社会层面：自由、平等、公正、法治；第三是个人层面：爱国、敬业、诚信、友善。

　　企业的核心价值观，是企业哲学中起主导性作用的重要组成部分，它是解决企业在发展中如何处理内外矛盾的一系列准则，如企业对市场、对客户、对员工等的看法或态度，它表明了企业生存的立场。美国汤姆·彼得斯和罗伯特·沃特曼在其著作《追求卓越》中写道："我们研究的所有优秀企业都很清楚他们的主张是什么,并认真建立和形成了企业的价值准则。事实上,一个企业缺乏明确的价值准则或价值观念不正确,我们则怀疑它是否有可能获得经营上的成功。"

一、企业核心价值观的内涵

企业核心价值观是企业文化的核心内容,是企业创始人和全体员工对企业的各种活动及员工的各种行为是否有价值以及价值大小的总的看法和根本观点,是各层级员工广泛接受的、占主导地位的价值观。

企业核心价值观应具备以下特征。

1. 核心价值观必须是企业核心团队或者是企业家本人发自内心的肺腑之言,是企业家在企业经营过程中身体力行并坚守的理念。如果有些企业的核心价值观中有"诚信"的内容,但在实际经营过程中并没有体现出诚信的行为,那么它就不是这家企业的核心价值观。

2. 核心价值观必须是真正影响企业运作的精神准则,是经得起时间考验的,一旦确定下来就不会轻易改变。

3. 所谓核心,就是指最重要的关键理念,数量不会太多,通常是5~6条,而且要容易记忆、传播。

4. 企业核心价值观明确告诉员工什么是应该做的,什么是不该做的,对员工起着一种非正式的系统控制的作用。而统一的集体行为是实现企业目标的基石,是围绕企业目标有效运作的重要保证。潜移默化的文化氛围,长期积累的文化底蕴,能够使员工形成与核心价值理念相一致的集体行为。

二、企业核心价值观的重要性

管理学家吉姆·柯林斯经过长期的企业研究后,得出这样一个结论:真正让企业长盛不衰的,是深深根植于企业员工心中的核心价值观。核心价值观是引领企业进行一切经营活动的指导性原则,在某种程度上,它的重要性甚至要超越企业的战略目标。其重要作用有以下几点。

1. 核心价值观是企业精神的灵魂,保证员工向统一目标前进。

2.核心价值观能产生凝聚力，激励员工释放潜能。企业凝聚力越强，企业越有活力。

3.核心价值观是企业自身发展中如何处理内外矛盾的、"本质的和永恒的"一整套准则，表明了企业如何生存的主张和用以判断企业运行当中大是大非的根本原则，即企业提倡什么、反对什么、赞赏什么、批判什么。核心价值观对员工的行为具有约束和判断作用。

4.核心价值观是企业的行为准则，既不能被混淆于特定经营实务，也不可以因为企业的财务收益和短期目标而改变。比如，当服务质量和短期利益发生矛盾时，不同企业的行为选择就明显受到企业价值观的支配，利益导向的价值观会放弃服务质量的提升而维持既得的利益；而服务导向的价值观念则会不惜代价提高服务质量。这些做法看似企业长远利益与短期利益的选择，其实背后都是价值观在起作用。

三、确立企业核心价值观的方法

如何确立企业的核心价值观呢？我们需要明确回答以下问题。

1.在我们的企业里，哪种观念是第一观念？

2.在我们企业内部，员工应具备的基本素质是什么？

3.我们为了满足客户需求，我们应具备的根本观念是什么？

4.我们倡导什么，反对什么？

当明确了以上问题，对我们思考得到的答案进行总结归纳，就能得到企业的核心价值观了。

例如，华为的核心价值观有：成就客户、艰苦奋斗、自我批判、开放进取、至诚守信、团队合作。为什么确定这几条为华为的核心价值观呢？以下是华为公司在核心价值观方面的思考和表述。

成就客户：为客户服务是华为存在的唯一理由，客户需求是华为发展的原动力。我们坚持以客户为中心，快速响应客户需求，持续为客户创造长期价值进而成就客户。为客户提供有效服务，是我们工作的方向和价值评价的标尺，成就客户就是成就我们自己。

艰苦奋斗：我们没有任何稀缺的资源可以依赖，唯有艰苦奋斗才能赢得客户的尊重与信赖。奋斗体现在为客户创造价值的任何微小活动中，以及在劳动的准备过程中为充实提高自己而做的努力。我们坚持以奋斗者为本，使奋斗者得到合理的回报。

自我批判：自我批判的目的是不断进步，不断改进，而不是自我否定。只有坚持自我批判，才能倾听、扬弃和持续超越，才能更容易尊重他人和与他人合作，实现客户、企业、团队和个人的共同发展。

开放进取：为了更好地满足客户需求，我们积极进取、勇于开拓，坚持开放与创新。任何先进的技术、产品、解决方案和业务管理，只有转化为商业成功才能产生价值。我们坚持客户需求导向，并围绕客户需求持续创新。

至诚守信：我们只有内心坦荡诚恳，才能言出必行，信守承诺。诚信是我们最重要的无形资产，华为坚持以诚信赢得客户。

团队合作：胜则举杯相庆，败则拼死相救。团队合作不仅是跨文化的群体协作精神，也是打破部门墙、提升流程效率的有力保障。

当确立了核心价值观以后，就要关注核心价值观在企业的践行，如何践行核心价值观，主要要做到以下两点。

1. 以企业领导人的言传身教来树立统一的价值观。员工的企业价值观并非天生，需要企业的灌输与宣传，经过不断地潜移默化后，员工才能逐渐接受并内化为企业价值观。在这个过程中，需要企业领导人的倡导与宣传。

2. 健全配套机制，企业价值观渗透到企业日常经营管理过程中的每一环节。在每项工作的安排和开展过程中都要和核心价值观进行对标，对不符合核心价值观的行为要及时制止。

四、企业核心价值观举例

1. IBM 公司：成就客户、创新为要、诚信负责。

2. 惠普公司：我们对人充分信任与尊重，我们追求高标准的贡献，我们将始终如一的情操与我们的事业融为一体，我们通过团队，通过鼓励灵活与创新来实现共同的目标——我们致力于科技的发展是为了增进人类的福利。

3. 宝洁公司：领导才能、主人翁精神、诚实正直、积极求胜和信。

4. 联想集团：成就客户、创业创新、精准求实、诚信正直。

5. 索尼公司：提高日本的国民文化和地位，成为行业先锋而非跟随者，向不可能挑战，鼓励个人能力和创造力。

6. 国家电网：服务党和国家工作大局、服务电力客户、服务发电企业、服务社会发展。

7. 柏涵管理咨询：诚信、奉献、责任、共赢。

8. 海尔集团：着眼创新，注重品质，尊重个人，一切以顾客为中心。

9. 腾讯：正直、进取、合作、创新。

10. 京东：客户为先、激情、学习、团队精神、追求超越。

运用归零思维搭建全面企业文化体系

在以上几节，我们系统地讲解了企业使命、企业愿景和企业核心价值观，这些是企业文化的核心内容。但是，作为一个企业的文化，一定是成体系的，而不是相互孤立的，需要使用归零思维，详细分析并明确企业文化的方方面面，通过系统思考，建立属于自己企业的企业文化体系。

一、企业文化体系包含的主要内容

1. 企业概况，包括成立时间、注册资本、总资产、历年销售额、员工人数、经营范围、年生产能力、区位优势、厂房、设备、土地、客户案例等；

2. 未来三年及十年主要任务及主要营收目标；

3. 主要特色与优势；

4. 发展历程；

5. 企业制度；

6. 未来发展规划及发展目标；

7. 产业布局；

8. 企业荣誉；

9. 领导关怀与社会关注；

10. 重大校企合作、重大行业合作；

11. 企业使命、企业愿景、核心价值观；

12. 企业标识含义、企业名称释义；

13. 品牌、商标、专利、专有技术、资质证书；

14. 员工关爱活动、社会公益活动、表彰奖励活动、总结答谢活动等；

15. 社会责任。

当然，内容不止以上15个方面，还有更多，当企业将以上内容整理并规划完成，制作成为可以对外介绍和传播的文字或者图片资料，企业的文化体系就具备了传播能力。企业可以通过编写文化手册、拍摄企业文化宣传片、制作企业文化墙等方式对外传播。

二、明确团队文化的核心内容

为了明确对团队执行力、创造力、奉献精神、合作精神的要求，企业首先要有完善的人力资源管理体系，在人力资源管理体系的基础上，结合企业的使命、愿景、价值观制定团队文化的内容，并不断地进行宣传，企业就形成了独有的团队文化。

柏涵管理咨询是我亲手打造的企业，在创业初期我就和企业高管共同商议，确定了团队文化，团队文化包含了"四大工程"和"四大内容"。

"四大工程"分别是：健康工程、快乐工程、幸福工程和进步工程。

健康工程主要是身心健康，企业会定期组织开展各种形式的体育运动，以增强员工的体质；定期举办各种国学交流学习会和心灵净化分享会，以提高员工的心性。

快乐工程主要是心情愉快，企业会定期组织各种形式的聚会、旅游活动，以愉悦员工的心灵。

幸福工程主要是增强员工幸福感，提升员工幸福指数，主要方式是关怀员工家人、看望并陪护生病的员工、看望员工生病的父母、为员工协调解决生活方面的困难、利用节假日开展员工关怀活动等。

进步工程主要是提升员工综合素质，主要组织开展内部业务培训和管理能力提升培训，派员参加各种培训，支持员工参加各种竞赛、各种考试、考证等，以提高普通员工的业务能力和中高层员工的管理能力及领导力。

"四大内容"分别是：员工训条、企业军规、行为准则及人才观。现作为案例展示如下。

柏涵管理咨询20条员工训条

一、我们对我们服务的客户要有十分清楚的认识，在企业经营、财务管理、税务筹划等方面要具有高超的专业技能，形成合理的知识结构、良好的沟通能力和热诚的服务态度。

二、向别人学习，向书本学习，一定要充分利用生活中的闲暇时光，不要让任何一个发展自我的机会溜走。

三、个人要服从集体，或更大的集体，服从部门，服从企业。

四、执行力和敬业精神是我们比其他任何企业要求更严格的地方。

五、恪尽职守的精神比个人声望更重要。

六、我们需要这种人才，他们在任何情况下都能克服种种阻力完成任务。

七、"没有办法"或"不可能"使事情画上句号，"总有办法"则使事情有了突破的可能，"没有办法"或"不可能"常常是庸人和懒人的托词。没有什么不可能。

八、强化知识更新，树立终身受教育的观念，从工作中学习，在工作中应用。

九、"魔鬼"隐藏在细节中，永远不要忽视任何细节。

十、千万不要纵容自己，给自己找借口，哪怕是对自己的一点小克制，也会使人变得强而有力，不要沉沦，在任何环境中你都可以选择奋起。

十一、为了取得成功，也许你不得不干一些自己不想干的事。学会忍受不公平，学会恪尽职守。

十二、等待比做事要难得多，确信无法突破的时候，首先要选择的是等待。

十三、适应环境，而不是让环境适应你。

十四、成功始于觉醒，心态决定命运。

十五、只要你不认输，就有机会，历经严酷的磨炼是完善自我的必由之路，胜利是属于最坚韧的人。

十六、首先要建立起自信心，要敢于战胜一切恐惧，现实中的恐惧远比不上想象中的恐怖那么可怕。

十七、失败者任其失败，成功者创造成功。

十八、任何人在危机来临时，都要想到打破常规。

十九、要利用好经验，而不是受到它的束缚。

二十、目标要明确、信念要坚定，要立即行动，不要拖延。

柏涵管理咨询20条企业军规

一、无条件执行；　　二、工作无借口；

三、细节决定成败；　　四、以上司为榜样；

五、受人欢迎；　　　　六、善于合作；

七、团队精神；　　　　八、只有第一；

九、全力以赴；　　　　十、尽职尽责；

十一、永不放弃；　　　十二、敬业为魂；

十三、客户至上；　　　十四、自动自发；

十五、立即行动；　　　十六、身体力行；

十七、不断提升自己；　十八、没有不可能；

十九、专业体现价值；　二十、声誉就是生命。

柏涵人十大行为准则

一、诚信、责任、执行，为结果负责；

二、唯有成果，可以证明价值；

三、我是柏涵一块砖，哪里需要哪里搬；

四、能上能下，接纳新人，认可能人，给高绩效让位；

五、今天最好成绩，将是明天最低标准；

六、不让"雷锋"吃亏，不让能人无用武之地；

七、说到做到、承诺兑现，简单、明了；

八、要么不做，要做就做最好；

九、团队精神：只有成功的团队才能成就成功的个人；

十、不弃梦想、坚定前行，心怀感恩、正直担当。

柏涵管理咨询十大人才观

一、我们只雇用、奖励和容忍完全成熟的成年人；

二、我们只承认员工的业绩，对于他的辛苦只表示赞赏；

三、肯定实干，反对空谈；

四、没有业绩，就是成本；

五、没有执行力，就没有培养价值；

六、鼓励基于现实作出改变，不鼓励基于理论质疑企业战略；

七、认可企业文化，是作出贡献的第一步；

八、责任胜于能力；

九、做不好小事，则不会给予做大事的机会；

十、德才兼备、以德为先。

第七章 运用归零思维搭建管控体系

组织架构设计

组织架构设计是对组织组成要素及其之间的连接方式的设计，是根据组织目标和组织活动的特征划分管理层级、确定组织关系、选择合理的组织结构形式的过程。在设计组织架构之前，应对企业的管理模式、发展阶段、业务流程、人员配置、销售模式、经营范围、产品类别等方面进行归零分析，在全面分析之后，再依据科学的设计原理进行架构设计。

一、结构的力量

为什么要设计组织架构？首先我要介绍一下结构的力量。

我们知道，金刚石和石墨都是由碳原子组成的，是碳的同素异形体，彼此间物理形状的差异要从结构上分析。金刚石的碳原子是正四面体结构，硬度很大；石墨中的碳原子是正六边形结构，并且形成层状，硬度较小。

在企业管理中，管理者一定要有结构意识，管理中的结构意识首先是分工意识，其次是层级意识。

有分工才有流水线，分工可以提高效率，可以提升专业度。企业经营中有不同专业的人相互配合、相互协助，才产生了1+1>2的效果。因此，结构意识的第一个层面就是分工意识，分工意识是一种平面上的区域划分。

另外一种结构意识就是层级意识，要有上级和下级，在平面之上设立调度和指挥平面的"上级"组织。层级意识是一种立体的结构意识，管理者的结构意识要不断得到强化，才能使管理迈向前进。

我们接触到一些小企业，一个部门有两个员工，在一般意识中，老板认为这两个员工要么做同一种事情，要么做两种不同的事情，之间是平等的，没有从属关系，没有上下之别。如果总是秉持这种观点，就是不具备结构思维的一种体现。在我们开展管理咨询辅导的工作中，最重要的一项工作就是解决管理结构问题。

我们一般会对这两个员工进行分析，分析他们的年龄、工龄、工作经验、业务能力、沟通能力等，然后进行综合评定，最后选定其中一位，提升为主管，则将另一位同事定为主管的下属。为什么必须要这么调整呢？就是为了产生管理的架构，因为没有结构就没有力量，有了结构就产生了结构力。

在组织中不能出现两个自认为完全平等的人，一旦成员有了这种认识，就很容易出现有担当、有先后、有服从、有执行的局面。

当确定了这种结构，有了"主管"，"主管"本人就会更加努力的工作，更加珍惜领导的器重与认可，其业绩就会大大的提升；有了"主管"的引领作用，其下属也会产生跟随与服从的意识，管理就会变得简单。当人员不断增加的时候，就开始分组、分部门，能力强的人就会不断出现，并不断担当更重要的角色，管理的架构就逐渐形成了。

我曾经辅导的一家建材企业，市场营销人员有20多人，但是销售团队由董事长本人带领，销售部也未设置部门经理。董事长除了营销工作之外，还有很多工作要做，时间长了，对营销工作的管理能力就出现了下降的趋势。我通过观察，营销部有一个业务员，虽然文化程度不是很高，但是很有魄力，思维缜密，责任心很强，于是我就向董事长建议，营销部门一定要有管理架构，必须设一个营销部经理，可以让这个业务员担任。有了营销经理之后，营销部就由董事长亲自带领的一个团队变成了一个部门，就有了培养人、提拔人的晋升机制。当时董事长担心这个业务员没有当过领导，干不好，我建议，先解决"有没有的问题"，再解决"好不好的问题"，但是管理架构必须要有。后来，董事长听了我的建议，将这个业务员任命为营销经理，在工资绩效上做了简单调整。果然时间不长，这个业务员就表现出了较强的管理及领导才能，同时因为被提拔为领导，为了起到引领作用，该业务员自身的业绩也比上年翻了一番，团队的日常工作也有人协调和管理了,董事长本人也得到了一定程度的"解放",更有时间关注企业战略了。

二、架构要完善

我到一家生产配电设施的企业去调研,我问企业负责人,我说您企业的组织架构完善吗?这个负责人说:"我企业经营10多年了,在行业内算是很不错的企业了,我企业的组织架构非常完善。"我说:"您说说都有哪些部门。"他说完之后,我说我讲一下,您听听看对不对。

我说:"第一,你企业的客户对质量问题投诉相对较多;第二,销售业务员和生产部门的矛盾很大。"

这个负责人非常惊讶,说:"高老师,我让您来,就是想解决这个问题,您是怎么知道的?"

我说:"您刚才把企业的部门设置给我列举了,但是您企业没有设置质检部门,没有质检,您就让生产部门自检,生产部门自己检查自己,这不符合部门之间相互控制的原则,也不符合企业质量控制的一般程序。没有完善的质量控制体系,质量问题就不能系统性防范,客户投诉就多,客户一投诉,销售业务员就要找生产部门理论,矛盾不就出来了吗?您尽快成立质检部吧,这是一个架构不完善的突出问题。"

企业的组织架构就好比一个人的身体,一个健康的人,四肢首先要健全,五官也不能缺失。如果有一个人,他没有眼睛,您却说他很健康,这是不客观的啊!

就好比我们买一个房子,如果是一个家庭住房,其结构一般至少包含客厅、卫生间、卧室、厨房。如果这个房子很大,但是就是没有卫生间,那这就是结构不合理啊,这是非常简单的道理。

我们还见过一家企业,企业不算小,其他部门都很健全,尤其后勤人员非常充足,但是没有营销部门,业务全靠老板自己联系。我说这不是一个合理的企业架构,这相当是老板自己养活了一个团队。

三、组织架构要和集团的管控类型相匹配

集团管控类型一般分为财务管控型、战略管控型和运营等控型三种。集团型企业要根据管控类型确定集团及分、子公司的组织架构。

财务管控型是指集团对下属子公司的管理控制主要通过财务手段来实现，集团对下属子公司的具体经营运作管理基本不加干涉，也不会对下属企业的战略发展方向进行限定，集团主要关注财务目标的实现，并根据盈利情况判断是否增减股份或者适时退出。

战略管控型是指集团的核心功能为资产管理和战略协调功能。集团与下属子公司的关系主要通过战略协调、控制和服务而建立，但是集团总部很少干预子公司的具体日常经营活动。集团根据外部环境和现有资源，制定集团整体发展战略，通过控制子公司的核心经营层，使子公司的业务活动服从于集团整体战略活动。

运营管控型是指集团通过业务管理部门对分、子公司的日常经营运作进行直接管理，特别强调集团整体经营行为的统一性。

这三种管控模式各有优缺点，现实中，企业集团的内部管控往往是以一种模式为主导的多种模式的综合。例如，上海宝钢集团除了对钢铁生产业务采取经营管控型模式外，集团总部对金融、贸易、房地产等业务采取了战略管控型模式，这与宝钢集团"一业为主，多元化经营"的战略导向是一致的。

因此，组织架构设计首先要考虑的是管控类型。

四、组织架构要和企业的发展阶段相适应

企业的组织架构并不是一成不变的，而是需要根据企业不同的发展阶段进行调整。一般企业的组织架构三年必须调整一次，发展较快的企业，应每年调整一次。企业的发展阶段一般分为初创期、成长期、成熟期和衰退期。

初创期：以直线型组织架构为主；

成长期：以职责型组织架构为主；

成熟期：以事业部和地区结构的矩阵式组织架构为主；

衰退期：则根据衰退情况逐步压缩架构设置，具体情况根据企业衰退的速度和衰退的程度决定。

企业所处的发展阶段不同，企业规模、员工数量、产品类型、市场占比等都不同，企业要根据具体阶段，设置相适应的组织架构。

1. 直线型组织架构

直线型组织架构是初创期企业普遍采用的组织架构模式。

初创期的企业组织特点：企业规模小、员工数量少、业务量少、工作任务简单；管理要求：决策迅速、执行效率高。

直线型组织架构特点：没有专设的职责部门、结构简单、权力集中、管理费用低。经营管理层只存在于垂直管理层次，各级主管人员对所属下级有直接的一切职权，组织中每个人只能向一个上级负责。

示意图如下。

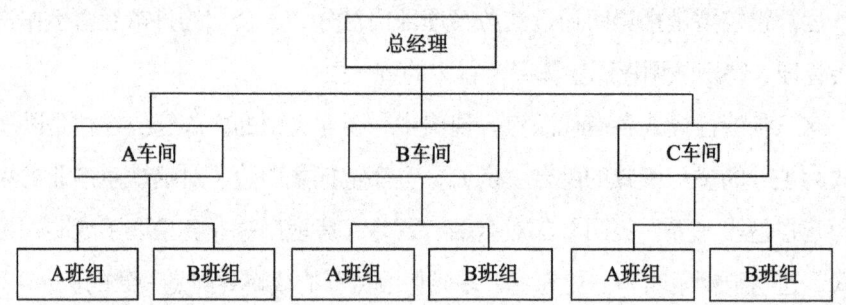

2. 职责型组织架构

企业成功度过初创期进入成长期，企业规模和员工数量有一定的增长，对管理人员专业化要求提高，此时需要将组织架构由直线型调整为职责型。

成长期初级阶段的企业组织特点：企业规模不大，属于中小型企业，外部环境比较稳定，部门增多，横向协调产生；管理要求：实现规模经济，实现部门专业化和高效化。

职责型组织架构特点：以职责为导向，实现高度的专业化分工，各自履行工作职责，每一个职责部门都是为了实现本部门职责，进而为企业总目标服务。

示意图如下。

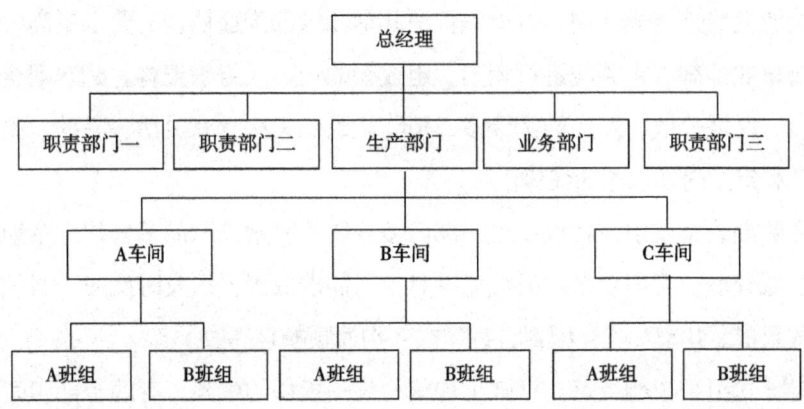

3. 事业部制组织架构

随着企业进入高速成长阶段，企业规模和员工数量快速增长，产品或业务类型逐步向多元化发展且已经初具规模，集权型管理模式难以适应企业快速发展的要求，此时企业可考虑向事业部制组织架构转变。

高速成长期的企业组织特点：企业规模庞大、员工数量较多，具有相对独立的市场，业务及产品类型多元化，技术较为复杂；管理要求：能有效协调和控制各项经营活动，实现企业战略目标，充分合理的授权，同时又要做到有效制衡，能充分调动各级经营管理人员的积极性。

事业部制组织架构特点：总公司和事业部权责明确，总公司负责预算控制、高层人事任免及重大问题决策，其他权力下放到事业部。

示意图如下。

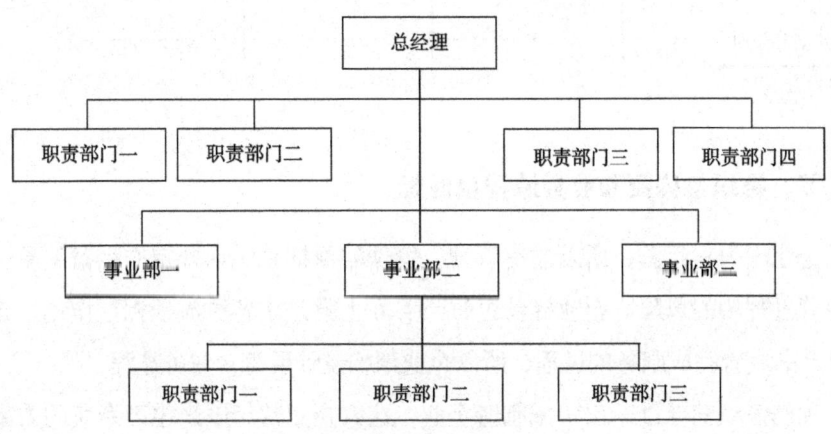

4. 矩阵式组织架构

企业发展进入成熟期，对组织资源共享和内部沟通协调的要求更高，企业可以对事业部制组织架构进行调整，组成新的矩阵式组织架构。成熟期企业组织复杂、区域分散、产品种类繁多，矩阵式组织架构具有灵活、高效、便于资源共享和组织内部沟通的优势。

成熟期的企业组织特点：组织部门多且联系复杂，产品多样化，多地化发展且区域分散；管理要求：组织能够对市场需求做到灵活及时反应，组织内部能够做到资源共享和优化配置，组织内部沟通顺畅且高效。

矩阵式组织架构特点：打破了传统的统一指挥的框架，有助于部门间的相互协调；能够做到对专业人员进行高效配置，使组织资源得到优化；能够提供差异化产品和服务。

示意图如下。

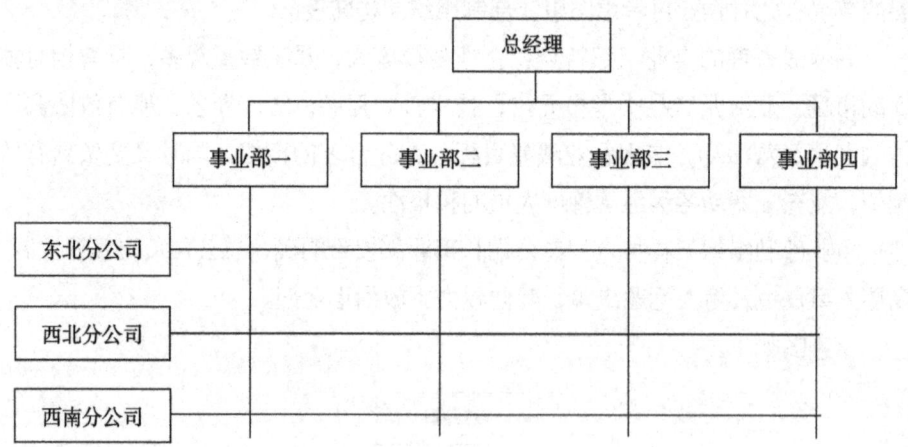

五、组织架构要和业务流程相匹配

企业因为有经营，所以才有管理，管理的目标是实现既定的经营结果，控制经营过程中的风险。企业经营过程，实际上就是由各种流程相互作用，最终交付产品或者完成服务的过程，所以企业架构设计要符合业务流程。

我们曾经辅导过一家机械制造企业，这家企业常年以来生产系统的效率较低，成本较高，员工离职率也高，生产责任制常年无法有效实施，企业董事长很着急。

我们到这家企业去调研，并没有直接去生产车间，先在办公室听管理层进行情况汇报。负责企业生产的副总介绍说，生产系统按照生产出来的机械设备的类型，共设置了4个车间，分别是A车间生产a设备，B车间生产b设备，C车间生产c设备，D车间生产d设备。听到这里，我立马意识到这种生产系统的组织架构不合理，这就是产生问题的根源。

为什么呢？因为这种架构设置不符合生产系统组织架构设置的基本原理，生产系统组织架构设置的一般原理是工艺流程决定架构设置。而这家企业不是按照工艺流程进行生产架构设置，而是按照产品类别进行设置的。

社会分工越来越细，同一个专业的人员应尽量归为同一个部门，这样管理成本最低，而工作效率高。以焊接工序为例，企业共有电焊工30多人，分别归属于4个车间，每个车间7到8人，每个车间设置一个电焊组，每个组有一个组长，企业共有电焊组组长4人。我的建议是：企业应按照工序进行架构设置，只设置一个电焊组，把这30多人归为一个组。为什么这么调整呢？因为第一，节省管理成本，若只设置一个组，只要一个组长就可以了，可以节约3个组长编制；第二，减少协调调度成本，因为4个车间生产4种不同型号的机械设备，但是因为型号不同，产品销售的淡旺季不同，有些月份a产品产量很大，可是b、c、d三种产品正是淡季，那么就会出现A车间的电焊工加班加点都忙不完，而其他车间的电焊工却没有活儿干。

我继续做了深入了解，和我预想的一个样。A、B、C、D 4个车间，每个车间都会出现生产任务不均衡的情况，当有一个车间当天没有生产任务，那么这个车间所有员工就要去其他车间帮忙，但是帮忙时，就没有在自己车间工作时那么尽责了。而且在这种无序的相互帮忙过程中，管理问题、质量问题、安全问题都不好管控，因为大家有帮忙的心态，被帮助部门的领导不是直属领导，来帮忙的人一般都不会完全服从。

我们做了详细的调查研究，我告诉董事长，生产系统的架构不合理，要尽快调整。我的建议是：原来是按产品类型分的4个车间，现在改为按工艺流程分为2个车间：一是机加工车间，二是装配车间，每个车间内部再按工艺流程设置班组。这样调整的优点是什么呢？第一，减少了2个车间，减少了2个车间主任，每年为企业节约人工成本约50多万元。第二，原来每道工序两个组长，每个车间4道工序，每个车间8个组长，4个车间共计32个组长，现在分为机加工车间3道工序，装配车间1道工序，按照工序还是4个组，只留下8个组长，减少组长24人，每年为企业节约人工成本约240多万元。第三，不再出现相互帮忙的情况，减少了调度压力，员工只是在本岗位踏实工作，不用再东奔西跑，精细化管理就可以逐步落地，生产责任制考核也就好实施了。

六、组织架构设计过程中其他注意事项

1. 组织架构要能承接企业战略

因为企业战略要靠组织去实现，企业战略越大，企业的组织就越大，企业的架构就越复杂，所以设计组织架构首先要明确企业战略目标，要对组织架构能否承接企业战略进行全面考量。

2. 组织架构要和企业的人员配置相适应

要分析企业现有人员和现有主要领导的工作分工，对所有部门负责人的工作经验、入职时间、业务能力、性格特征等要进行全面分析评估，使组织架构与人员配置相适应，如果现有人员配置不能完全满足架构设置要求，企业再根据实际情况安排招聘。

3. 组织架构要和企业的产品类别相适应

企业的产品或服务不同，管理模式不同、销售渠道也不同，一般来说，产品类别和销售渠道决定了销售系统的架构设置，所以要详细分析产品和销售情况，架构设计过程中要充分体现出对市场的支持与管控，同时要体现服务营销的目的。一定要考虑如何才能更快地响应市场和客户的需求，组织内部分工明确，同时沟通协调信息传递顺畅及时，尽量避免多部门同时接触同一个客户。

4. 组织架构要和产品工艺流程相适应

一般来说，工艺流程决定生产系统架构设置，在架构设置过程中要考虑到生产管理中对产量、质量、安全、成本等方面的管控。

5. 组织架构设计要考虑管理单位的要求和企业内控的要求

比如，上市企业要有完善的治理结构，要符合证监会的要求；中央企业要符合《中央企业全面风险管理指引》的要求，银行要符合《商业银行内部控制指引》的要求。

6. 要坚持的其他几个原则

（1）精简高效的原则：架构要简单不要复杂，设计时要考虑运行效率。

（2）统一指挥的原则：一个人只能有一个上司。

（3）控制幅度的原则：每个管理者的管理能力范围是有限的，管理层级越高，其直接下属应越少，因为管理层级越高，决策事项越复杂。一般情况下，一个中高层管理者直接下属5~6人为宜，基层管理者因为管理的事项相对简单，下属人员数量要根据业务流程和工作性质确定。

（4）专业部门化原则：做同样事情的人，必须安排在同一个部门，如果做同样事情的人没有被安排在同一个部门进行管理，资源就会因为分解而产生浪费。

部门职责设计

部门职责设计是明确企业各部门责任的过程，其目的就是理顺各部门之间错综复杂的联系，约束和督促各部门互相配合，协调同步，防止只顾本部门不考虑其他部门的倾向或脱节、搁置的现象发生。

一、部门职责设计的原则

1. 设计部门职责

首先要确定各个部门的工作内容、责任范围以及部门之间的联系。其次要制定各个部门的工作标准，以及部门之间的联系协调制度，并经常检查执行情况，以使企业内部各部门既能各司其职，又能协调配合，从而有条不紊地完成各自的工作任务，实现企业的整体目标。

归零——归零思维再造企业

2. 部门职责的主要内容

就是要明确规定该部门的职责和权限。具体地说是"五定":定任务、定人员、定责任、定权力、定考核。任务必须明确,切忌笼统和交叉不清;人员要根据任务来确定;责任要具体;权限要相称;考核的标准和办法,要切合实际,以便付诸实现。

二、部门职责包含的主要内容

部门职责包含关键职责、核心职责和通用职责。

1. 关键职责

主要是指部门要承担的比如销量、销售额、利润、项目进度、技术研发、资金筹措、费用控制、成本控制、产量完成、质量达标等职责,是与企业经营发展相关的、影响企业战略的关键性职责。

2. 核心职责

主要是指部门具备的最基本的、最核心的职责,是在企业经营过程中本部门不可替代的、不可缺少的职责。在咨询辅导的过程中,为了使企业家及企业的各部门负责人方便理解又能快速记忆,柏涵管理咨询专家经过多年提炼总结,形成了"部门核心职责三十六字经",并在咨询辅导过程中广泛应用,企业反映效果不错。

部门核心职责三十六字经

总经理:	制定战略规划	执行经营目标	审批财务收支
	协调外部关系	审批所有合同	审批人事任免
市场部:	产品品牌设计	产品市场调研	产品市场规划
	产品广告投放	销售工作督导	企业战略支持
销售部:	销售合同签订	产品定价支持	客户关系维护
	销售货款回收	解决客户投诉	定期客户对账
客服部:	接收销售订单	下达生产计划	发货物流经办
	到厂客户接待	销售财物经办	客户资料归档

采购部：	制订采购计划	签订采购合同	办理物资入库
	采购成本控制	质量问题索赔	开展供应对账
财务部：	资金收支结算	财务账务核算	银税关系协调
	汇总财务预算	编报财务报表	开展财务分析
仓储部：	库存数据管理	出入手续办理	开展库存盘点
	提报采购计划	控制物资定额	安全保质管理
行政部：	会务接待管理	印章文件管理	食宿车辆管理
	门岗安全管理	合同档案管理	网络水电管理
人力资源部：	人力资源规划	人员招聘配置	员工培训开发
	员工绩效管理	薪酬福利管理	劳动关系管理
质检部：	质量标准制定	原料成品检验	质量体系管理
	质量事故处理	三方检验协调	工艺规程监控
生产部：	生产计划分解	工艺过程控制	生产用料平衡
	安全环保管理	质量设备管理	生产进度控制
计划调度部：	车间计划下达	车间进度跟踪	产品交验跟踪
	生产人员调配	车间产量统计	生产工艺监控
研发部：	产品技术调研	实施研发规划	组织成果鉴定
	知识产权管理	产品工艺改进	建设研发体系
物流部：	物流系统规划	货物流动跟踪	物流费用结算
	物流合同签订	物流信息反馈	物流资料归档
审计部：	制订内审计划	编订内控标准	财务工程审计
	采购销售审计	资产存货审计	临时专项审计
战略发展部：	制定战略规划	收集经济信息	拟定竞争战略
	开展可行分析	寻找合作项目	推进项目落地
安全环保部：	安环对外协调	安环体系建设	安环监督检查
	安评环评办理	安环设备管理	安环事故处理
设备部：	设备购置验收	设备改造维修	编订规程制度
	管理设备台账	调拨报废办理	规范运行监视

  法务部：处理法律问题 构建风控体系 经办诉讼事宜
       重大决策论证 拟定合同制度 司法关系协调
  技术部：技术设计开发 技术方案提供 技术文件编订
       技术培训指导 工艺规程监督 技术资料归档

3. 通用职责

通用职责是指企业各个部门都应具备的且通用的职责，包含以下四个方面。

（1）计划管理（含目标），即部门的工作计划制订、过程管控及工作目标达成情况的监督。

（2）制度建设（含流程），主要包含：部门内部的管理制度的编制及执行监督；企业制度在部门内部执行情况的监督；由本部门编订由企业签批并在企业层面执行的制度。比如，财务部要编订企业的财务管理制度，人力资源部要编订企业的人力资源管理制度，质量部门要编订企业的质量管理制度等。

（3）成本管理（含费用），主要是指部门在开展工作过程中对成本的管控及本部门费用支出的管控。

（4）人员管理（人力资源六大模块）主要是指部门对部门内部人员在人力资源规划、招聘与配置、培训与开发、绩效管理、薪酬福利管理、劳动关系管理等方面的管理职责。

三、部门职责设计的方法

1. 部门职责要切合企业实际，设计部门职责前要对企业情况进行详细的调研与分析，要与企业高管及各部门负责人逐个讨论，询问高管及部门负责人对本部门职责的认知及执行情况。

2. 了解每个部门对其他部门执行部门职责的意见和建议。

3. 找出部门职责存在的问题，找出部门职责的盲点、交叉点、矛盾点。

4. 在完全了解了企业情况的基础上，必须由企业总经理、高管、部门负责人、部门内部关键岗位人员共同参与，共同讨论，设计部门职责草稿。

5. 部门职责试运行 1～3 个月，在试运行期间对部门职责进行逐步修订，试运行结束后，正式签发。

参考样例：某食品企业部门职责

部门职责

一、总经理

1. 负责审批合同。

2. 负责执行战略规划、经营目标、年度目标、利润目标、销量目标。

3. 负责费用审批、财务收支审批。

4. 负责协调企业外部关系。

5. 负责审定企业组织架构。

6. 负责协调企业外部资金。

7. 负责企业人才储备。

8. 负责领导各部门的创新工作。

9. 负责考核中心负责人。

10. 负责人事任免。

11. 负责协调内部各部门关系。

12. 负责组织召开总经理办公会议。

13. 负责组织编制企业经营预算。

二、销售部

1. 负责本企业产品的销售。

2. 负责维护客户关系。

3. 负责定期与客户进行对账。

4. 负责编写下达销售计划。

5. 负责销售任务分解。

6. 负责销售费用控制。

7. 负责销售团队建设。

8. 负责销售布局。

9. 负责组织召开部门会议。

10. 负责向营销中心汇报销售工作。

11. 负责解决客户投诉。

12. 负责销售货款回收。

13. 负责收集反馈市场信息。

14. 负责新市场开发。

15. 负责收集客户档案资料。

16. 负责签订销售合同。

17. 负责临期产品的处理。

18. 负责客户信用评定。

19. 负责提报经营预算。

20. 负责本部门制度的编写、绩效考核、人员培训。

三、市场部

1. 负责企业形象设计。

2. 负责品牌建设（软文、网站建设）。

3. 负责市场调研。

4. 负责企业广告投放（媒体对接）。

5. 负责产品外观设计。

6. 负责对销售部工作进行监督。

7. 负责市场规划。

8. 负责定期浏览竞品网站以及行业内的网络宣传。

9. 负责提报经营预算。

10. 负责本部门制度的编写、绩效考核、人员培训。

四、餐饮部

1. 负责餐饮渠道的招商开发。

2. 负责对接餐饮协会。

3. 负责组织餐饮酒店厨师交流会。

4. 负责协助厨师菜品的研发。

5. 负责提报经营预算。

6. 负责本部门制度的编写、绩效考核、人员培训。

五、商超部

1. 负责与商超采购对接促销活动的执行与结案。

2. 负责商超门店的管理维护与销量提升。

3. 负责商超门店促销人员的管理培训考核。

4. 负责商超系统合同签订。

5. 负责商超门店的产品陈列和生动化建设。

6. 负责竞品信息的调查研究。

7. 负责维护门店管理人员的客情关系。

8. 负责消费者服务投诉。

9. 负责提报经营预算。

10. 负责本部门制度的编写、绩效考核、人员培训。

六、电商部

1. 负责平台的开发。

2. 负责线上客服的在线接单和成交。

3. 负责打印快递面单发货、物流跟踪、售后处理。

4. 负责平台的产品策划推广。

5. 负责线上竞品的分析。

6. 负责预算的提报与控制。

7. 负责产品图片的设计、上架。

8. 负责提报经营预算。

9. 负责本部门制度的编写、绩效考核、人员培训。

七、客服部

1. 负责接收并下达销售订单。

2. 负责下达生产计划。

3. 负责物流发货的安排。

4. 负责客户档案的归档,合同的归档。

5. 负责客户的回访。

6. 负责客户信息反馈,对反馈问题跟踪并限时处理。

7. 负责客户发票邮寄。

8. 负责客户与消费者的接待。

9. 负责物流信息反馈销售员。

10. 负责新客户样品邮寄。

11. 负责开具《销售单》。

12. 负责提报经营预算。

13. 负责本部门制度的编写、绩效考核、人员培训。

八、生产部

1. 负责接收生产计划。

2. 负责安排生产任务。

3. 负责订单完成情况的跟踪与沟通。

4. 负责成本分析及控制。

5. 负责车间人员管理。

6. 负责车间产品质量监控。

7. 负责车间设备维修保养。

8. 负责生产安全。

9. 负责汇总整理生产数据。

10. 负责车间制度的制定与实施（生产责任制考核）。

11. 负责车间卫生管控。

12. 负责提报车间用物资采购计划。

13. 负责生产工艺执行及产品调试工作。

14. 负责提报经营预算。

15. 负责本部门制度的编写、绩效考核、人员培训。

九、仓储物流部

1. 负责车辆管理（维修、保养、保险）。

2. 负责接收发货。

3. 负责物流费用结算、控制（运费、油耗）。

4. 负责外部出车任务。

5. 负责物流数据分析。

6. 负责安全与质量管理。

7. 负责物资的接收、储存、发送。

8. 负责仓库数据管理。

9. 负责仓库卫生、安全。

10. 负责仓库的盘点与对账。

11. 负责产品追溯平台数据录入。

12. 负责库存物资保质期的反馈。

13. 负责库存物资定额管理。

14. 负责提报原材料采购计划。

15. 负责提报经营预算。

16. 负责本部门制度的编写、绩效考核、人员培训。

十、综合部

（一）行政

1. 负责会议召集。

2. 负责企业文件下发。

3. 负责企业档案管理（采购合同、销售合同、劳动合同、文件、证书、财务资料）。

4. 负责企业公章管理。

5. 负责来访接待。

6. 负责办公车辆、办公物资、劳保用品管理。

7. 负责职工福利发放。

8. 负责办理工商事宜（工商信息公示、工商年报）。

9. 负责食堂、宿舍、门卫管理。

10. 负责企业环境卫生管理。

11. 负责行政办公用品的申购、出入库、发放。

12. 负责电话费、网络费缴纳及网络管理。

13. 负责办公区域维护维修（水电、房屋等基础设施）。

14. 负责厂区内外的安全。

15. 负责提报经营预算。

16. 负责本部门制度的编写、绩效考核、人员培训。

（二）人事

1. 负责人员招聘、解聘、调动、晋升。

2. 负责人员培训。

3. 负责人员社保缴纳。

4. 负责监督落实企业人事制度。

5. 负责建立企业薪酬绩效体系（工资标准、计算办法、调整办法、人员晋升）。

6. 负责协调解决劳动争议。

7. 负责办理人社局相关事宜（劳动合同签订及人员养老保险管理）。

8. 负责人力资源信息的统计及汇总上报。

9. 负责人员工伤管理。

10. 负责考勤管理、工资的计算。

11. 负责提报经营预算。

12. 负责本部门制度的编写、绩效考核、人员培训。

十一、采购部

1. 负责市场调查、供应商评价。

2. 负责采购计划的执行。

3. 负责定期供应商对账。

4. 负责供应商档案管理。

5. 负责原材料质量问题的协调。

6. 负责采购成本的控制。

7. 负责办理采购物资的入库手续。

8. 负责付款申请。

9. 负责采购合同的签订。

10. 负责废旧物资的销售。

11. 负责提报经营预算。

12. 负责本部门制度的编写、绩效考核、人员培训。

十二、财务部

1. 负责办理税务局、统计局、经贸局、银行相关事宜。

2. 负责财务制度的编写及贯彻执行监督。

3. 负责发放员工工资。

4. 负责协助总经理编制年度经营预算。

5. 负责财务核算、结算（收付款）。

6. 负责报表报送、报税，税务筹划。

7. 负责组织召开财务分析会。

8. 负责定期企业财产盘点。

9. 负责财产保险的购买办理。

10. 负责仓库物资出入库的监督管理。

11. 负责财务档案的保管。

12. 负责编制月度资金预算。

13. 负责对其他部门开展财务相关的流程制度培训。

14. 负责本部门制度的编写、绩效考核、人员培训。

十三、品控研发

1. 负责办理科技局、市场监管局、行政事务审批局、经信委相关事宜。

2. 负责原材料、产成品、半成品的检验。

3. 负责生产车间的质量监督。

4. 负责质量体系的运行（体系认证）。

5. 负责质量事故的处理。

6. 负责产品送检（第三方检验、计量器具）。

7. 负责企业产品认证工作的组织与协调。

8. 负责技术管理及工艺流程、操作规范、原材料的质量标准的制定，监督检查与执行。

9. 负责企业产品的研发。

10. 负责办理高新技术企业的相关事宜。

11. 负责检验数据的存档。

12. 负责样品留样。

13. 负责召开质量分析会议，开展质量管理培训会。

14. 负责研发实验室的管理。

15. 负责提报经营预算。

16. 负责本部门制度的编写、绩效考核、人员培训。

十四、安全环保部

1. 负责办理与安检局、环保局相关的事宜。

2. 负责双体系建设（安全标识、安全规章制度）。

3. 负责安全标准化体系的运行。

4. 负责开展安全生产检查培训。

5. 负责厂区消防管理。
6. 负责虫害、防洪、防汛等自然灾害的防治。
7. 负责办理安评、环评的相关事宜。
8. 负责环保设备、消防设备的管理（维护、保养）。
9. 负责电力保障及光伏发电的安全运行。
10. 负责消防设备的申购。
11. 负责组织安全培训、安全演练。
12. 负责提报经营预算。
13. 负责本部门制度的编写、绩效考核、人员培训。

岗位职责设计

部门内部因分工形成岗位，部门职责由岗位职责承接，在明确了部门职责的情况下就要对岗位职责进行设计，部门内部只有对岗位职责进行科学合理的设计，确保所有岗位职责涵盖了部门职责，部门职责无遗漏、无盲点，盲区归零，而且能够有效运作，才能保证部门职责的实现。

一、设计岗位职责的目的

1. 可以最大限度地实现劳动用工的科学配置。
2. 可以有效地防止因职务重叠而发生的工作拖沓现象。
3. 提高内部竞争活力，更好地发现和使用人才。
4. 岗位职责是绩效考核的依据。
5. 可以有效地提高工作效率和工作质量。

二、岗位职责设计的原则

1. 首先要明白本岗位的工作性质，工作性质是指根据不同的角度和标准对工作进行分类，主要有：以脑力和体力为标准，是否担任领导职务为标准，是否以财产或者主要涉及财产作为工作内容为标准。

（1）按照脑力和体力标准，工作可分为脑力工作和体力工作。前者主要是运用智力完成工作内容的工作，包括组织管理性工作和业务实施性工作。组织管理性工作具体包含组织、领导、管理单位人事、财务等内容；业务实施性工作则不负责组织管理，而是根据岗位职责要求，凭借专业技能或智力完成其岗位工作任务的工作，如企业的技术研发人员。体力工作是以体力劳动为主，运用体力来完成工作内容的工作，如车间工人。

（2）按照是否担任领导职务标准，工作可分为领导工作和非领导工作。前者主要是具有一定职位的人员，在其领导职务的范围内享有管理、调配、处理、处置财产等职权，包括组织、管理、协调、指挥、决策以及主管等领导工作。后者是指没有领导职位或不处于领导岗位上的工作人员，由于其工作性质而享有对财产的管理、处理或处置权，包括具体保管、支取、领取和经手财产的工作。

（3）按照是否以财产或者主要涉及财产作为工作内容为标准，工作可分为直接以财产作为内容或对象的工作和不直接以财产为工作内容或对象的工作。通常，单位主管领导、财务人员等所从事的工作为前者；后者是指其工作本身不是以财产的经营、管理或者保管等为内容，但是由于履行工作职责而临时对财产予以保管、使用、处置等。

2. 在设计岗位职责时，要考虑尽可能一个岗位包含多项工作内容，而且不同工作难易程度不同，以防范业务过于单一，不利于员工成长而埋没人才；同时又要通过较有难度的工作来培养员工。

3. 在岗位职责设计过程中要考虑员工的晋升，要通过目前岗位的完全胜任赋予员工进入下一岗位工作的权利。

4. 坚持岗位职责来源于部门职责的原则，不能因人设岗。

三、岗位职责包含的内容

1. 岗位概述：岗位名称、所属部门、岗位定员、上下级关系、可晋升岗位、可轮换岗位。

2. 职责与工作任务：职责表述与工作任务分解。

3. 权责与工作接口：权力事项表述、责任事项表述、与上下级之间业务事项、与部门内部同事之间业务事项、与企业其他部门之间的业务事项、与企业外部单位或个人的业务事项。

4. 任职资格：教育水平、业务经验、知识结构、素质能力。

四、岗位职责的设计方法

1. 深入分析部门职责，在部门职责的基础上，分析部门内部岗位的配置及人员设置是否合理，人员是否充足，全员能力是否符合部门职责的要求。

2. 对部门的工作事项进行归类，类别相同及相近的工作归入同一岗位。

3. 设置层级关系，根据部门大小、人员多少、工作饱和度等，确定部门内部职务层级及内部业务模块。

4. 根据部门内部业务的属性，设置部门内部业务流程，确保内部工作有布置、有执行、有监督，各岗位既有分工，又有协作。

5. 部门负责人、部门内部关键岗位人员共同参与，共同讨论，设计完成后全员讨论，确定后实施。

参考样例：某企业营销总监岗位职责

营销总监　岗位职责

1. 岗位概况

岗位名称	营销总监	所属部门	营销中心	岗位定员	1
直接上级	总经理	隔级上级	董事长	直接下级	经理
隔级下级	主管	可晋升岗位	总经理	可轮换岗位	总监

2. 职责与工作任务

职责一	职责表述	协助总经理制定销售未来3～5年战略目标
	工作任务	1. 根据企业内外部环境，每年12月份制定未来3～5年销售目标
		2. 根据企业内外部环境，每年12月份制定未来3～5年市场发展目标

续表

职责二	职责表述：	根据企业要求编制年度销售预算
	工作任务	1. 根据企业要求编制年度费用预算及市场规划
		2. 每月底进行预算执行与目标修正
职责三	职责表述：	负责营销中心团队组建、管理
	工作任务	1. 营销中心团队成员招聘、培训、考核（每月考核一次）
		2. 营销中心团队成员日常市场工作管理
职责四	职责表述：	负责营销中心任务目标、费用目标达成
	工作任务	1. 营销中心每月销售任务目标分解、过程控制确保任务达成
		2. 营销中心每月销售费用目标分解、过程控制确保费用控制目标达成
职责五	职责表述：	负责产品结构调整及协助产品研发
	工作任务	1. 根据市场环境及消费者需求进行产品立项、推广、淘汰、调整
		2. 协助产品广告宣传、媒介对接
职责六	职责表述：	负责营销中心对外协调沟通事宜
	工作任务	1. 企业授权，开展对外发布信息
		2. 组织参与各类展会、团体组织会议
职责七	职责表述：	负责开展内部培训
	工作任务	1. 每月开展一次营销中心内部培训
		2. 不定期参与集团相关培训
职责八	职责表述：	负责评估营销中心各部门工作业绩
	工作任务	1. 每月考核营销中心各部门工作绩效
		2. 每月考核营销中心各部门针对客户的服务工作
职责九	职责表述：	负责市场规划布局、产品布局、人员布局
	工作任务	1. 根据企业要求、行业环境，规划市场布局
		2. 根据市场环境全面推进市场开发与维护
职责十	职责表述：	负责企业销售货款回收、客户政策激励
	工作任务	1. 营销中心客户销售合同制定，并每月落实合同实施情况
		2. 每月组织开展客户对账工作，监督货款回收
职责十一	职责表述：	负责审核营销中心各项报表、费用、合同
	工作任务	1. 审核并批复总监权限内的费用、合同、报表
		2. 各项报表、合同、费用标准的制定与管控

续表

职责十二	职责表述：营销中心内外部会议、公共关系	
	工作任务	1. 每月组织召开营销中心内部会议
		2. 收集反馈市场信息
		3. 客户信用评定
职责十三	职责表述：负责营销中心内部的制度建设	
	工作任务	1. 日常工作管理制度建设
		2. 薪酬管理制度建设
		3. KPI绩效考核制度建设
职责十四	职责表述：负责企业形象设计、品牌建设	
	工作任务	1. 产品及宣传物料的VI视觉设计审批
		2. 市场广告计划的制订实施审批
职责十五	职责表述：负责客服的管理	
	工作任务	1. 客服服务质量的监督
		2. 订单的下达、数据的分析与信息传递管理
		3. 协调解决客户投诉
		4. 负责客户档案资料审核

3. 权责与工作接口

权力与责任	
权力	1. 营销中心各项事务的审核、考核、监督权
	2. 营销中心团队、管理、考核权
责任	1. 承担营销中心总监行使职责产生的后果
	2. 保质保量完成企业交办的营销任务
工作接口	
人员、部门	工作事项	工作要求
---	---	---
上级	1. 营销中心各类分析报表报送	让上级时时了解营销中心运营情况，每月一次
	2. 营销中心市场分析报告报送	参考内外部环境给企业提供合理发展建议，每月一次
部门内部	1. 根据内部沟通、反馈制订合理计划	每月开展一次会议
	2. 根据内部需求制定合理的运行机制	实时进行

续表

企业其他部门	1. 与财务对接涉及营销中心财务数据	每月进行一次财务数据对接
	2. 与仓储对接各类涉及产品包装	仓储定期给营销中心发相关数据
	3. 与生产对接生产计划	每月提报生产计划预估
企业外部	1. 参加外部交流会	根据外部要求参加
	2. 聘请外部咨询、培训、拓展	每年举行一次

4. 任职资格

教育水平	学历	本科及以上学历
	专业	营销与市场、经济管理
工作经验	三年一线工作经验，五年管理岗位经验，三年中高层管理经验	
知识结构	人力资源管理、财务基本知识、营销与市场专业经验、经济管理、计算机应用	
素质能力	全局观念强，综合素质高，抗压能力强，情商与智商均高，具有一定的演讲能力，对行业内前瞻性强	

绩效考核设计

在明确了岗位职责的前提下，为了保障岗位职责的达成，需要设计企业的绩效考核体系。

绩效考核是企业绩效管理中的一个重要环节，是指考核主体对照工作目标和绩效标准，采用科学的考核方式，评定员工的工作任务完成情况、员工的工作职责履行程度和员工的发展情况，将评定结果反馈给员工，并运用评定的结果对员工将来的工作行为和工作业绩产生正面引导的过程和方法。

一、实施绩效考核的意义

1. 达成经营目标

绩效考核本质上是一种过程管理，不是仅仅对结果的考核。它是将中长期的目标分解成年度、季度、月度指标，不断督促员工实现、完成的过程。有效的绩效考核能帮助企业达成目标。

2. 发掘管理问题

绩效考核是一个不断制订计划、执行、检查、处理的循环过程，在整个绩效管理环节，包括绩效目标设定、绩效要求达成、绩效实施修正、绩效面谈、绩效改进、再制定目标的循环，这也是一个不断发现问题、改进问题的过程。

3. 促进利益公平分配

绩效考核一般都要与员工薪资挂钩，实施绩效考核的企业都有绩效工资，绩效工资的分配与员工的绩效考核得分息息相关，得分高则工资高，促进了利益的公平分配。

4. 促进员工成长

绩效考核的最终目的是促进企业与员工的共同成长。通过考核发现问题、改进问题，找到差距进行提升，最后达到双赢。

5. 不断激励员工

通过绩效考核，把员工职务升降、培训发展与劳动薪酬相结合，使企业激励机制得到充分运用，有利于企业的健康发展，同时也能激励员工不断进步。

二、实施绩效考核的原则

1. 公平原则

公平是确立和推行绩效考核的前提。

2. 严格原则

考核不严格，就会流于形式，形同虚设。考核不严格，不仅不能客观地反映被考核人的真实情况，而且还会产生消极的后果。为了做到严格考核，就要有明确的考核标准、严格的考核制度、科学的程序及方法。

3. 结果公开原则

通过公开，可以使被考核者了解自己的优点和缺点、长处和短处，从而使考核成绩好的人再接再厉，继续保持先进，使考核成绩不好的人心悦诚服，奋起上进。

4. 反馈的原则

考核结果一定要反馈给被考核者本人，否则就起不到考核的教育作用。在反馈考核结果的同时，应当向被考核者就考核结果进行说明解释，肯定成绩和进步，说明不足之处，提出今后努力的方向。

三、绩效考核指标的内容

绩效考核指标可以分为三大类，分别是关键指标、能力指标和否决性指标。

1. 关键指标

关键指标指的是为了承接部门职责，本岗位要承担的指标，根据岗位不同，关键指标主要有销量指标、销售额指标、利润指标、项目进度指标、技术研发指标、资金筹措指标、费用控制指标、成本控制指标、产量达成指标、质量指标等。

2. 能力指标

能力指标主要考核在本岗位工作应具备的技能，以及在一定的时间内该技能应提升的标准。比如：设备的操作能力、公文的写作能力、团队的管理能力、人员的培养能力、产品研发能力、技术研发能力、市场开拓能力、银行融资能力等。

3. 否决性指标

否决指标是对重大前提事项的考核。如果这些事项出现问题，将有可能给企业带来严重损害，在这种情况下，财务指标的完成就会失去意义，因为受到损害的是企业的长远竞争力。否决指标可以用于有关质量、安全、合法经营等方面。也可以理解为，根据企业实际情况设定的最为关键的指标，如果这项指标所对应的工作没有做好，将给企业带来直接且严重的后果，比如安全生产、环境违法、廉洁自律等方面的指标。

四、制定绩效考核的方法

1. 建立绩效考核机制

制订详细的绩效考核方案，先统一高层的思想，再统一中层的思想，最后统一员工的思想。开展全员绩效考核培训，明确告知全体员工，开展绩效考核的目的就是要调动员工积极性，将考核工资与工作绩效相统一，科学评价员工贡献，实现"多劳多得"。

（1）确定绩效考核工作的领导部门，一般情况下绩效考核工作应由企业主要领导牵头，由人力资源部门负责具体实施，各部门负责人配合落实，形成自上而下的绩效管控机制。

（2）建立企业内部申诉机制，让员工在遭遇不公正、不公平待遇时有一个申诉与解决的通畅途径，避免因领导者个人因素而损害被考核人的权益。

（3）企业内部不仅要确定不同部门或岗位的权利、义务，同时还必须采取自上而下的岗位描述，明确细化的岗位职责及考核标准。

2. 确定绩效考核周期

绩效考核周期又称为绩效考核期限，是指多长时间对员工进行一次绩效考核。确定绩效考核周期，需考虑以下几个因素。

（1）职位的性质。不同的职位，工作的内容是不同的，因此绩效考核的周期也应当不同。一般来说，职位越低，工作绩效越容易考核，考核周期相对要短一些。

（2）指标的性质。不同的绩效指标，其性质是不同的，考核的周期也相应不同。一般来说，性质稳定的指标，考核周期相对要长一些；相反，考核周期相对就要短一些。

（3）标准的性质。在确定考核周期时，还应当考虑绩效标准的性质，就是说考核周期的时间应当保证员工经过努力能够实现这些标准，这一点其实也是绩效标准的适度性。

3. 制定绩效考核流程

绩效考核的一般流程是：绩效目标设定、绩效评价、绩效反馈与沟通、绩效改进。绩效考核过程是一个循环，如下图所示。

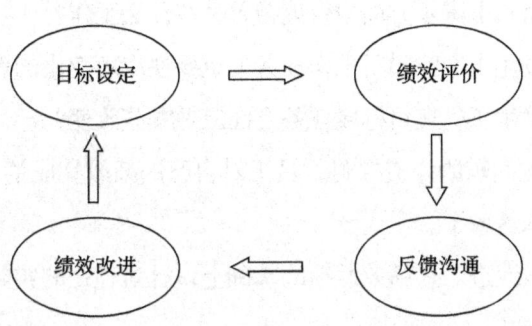

（1）绩效目标设定是管理者和员工共同讨论，以确定员工考核期内应该完成什么工作和什么样的绩效才是满意的绩效的过程。员工参与和承诺是制订绩效计划的前提。绩效考核目标由绩效目标、衡量指标、改进点等内容构成。绩效目标的层次如下图所示。

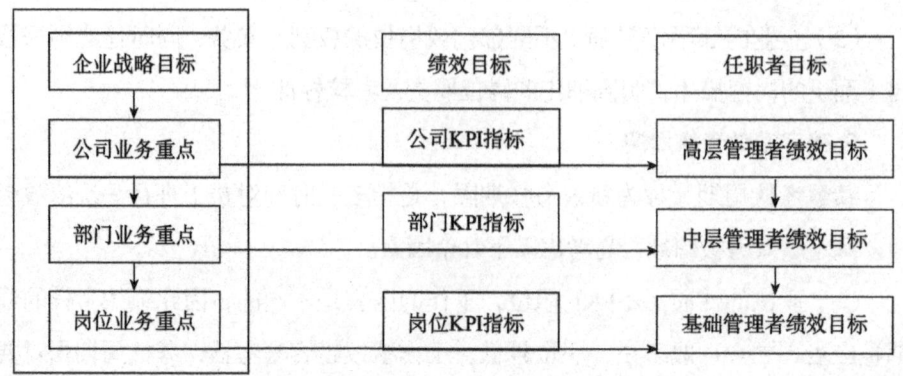

（2）绩效评价。综合收集到的考核信息，结合关键事件记录，公正、客观地依据绩效目标和评价标准进行评价打分，在这一过程中，要注意的就是公平性和真实性，防止弄虚作假，防止人情作用；对考核的结果进行评估，对不合理的地方进行持续地修正和改进。评价的指导思想：围绕业务进步、绩效提高而展开，将绩效评价视为一个管理过程，而不是单纯地追求评价结果本身。

（3）绩效沟通，可以通过以下几个问题来明确沟通的内容。

①工作职责完成得怎样？哪些方面不好？

②员工是在朝着实现目标的轨道运行吗？

③如果偏离轨道，需进行哪些改变才能回到轨道上来？

④在支持员工进步方面主管能帮着做些什么工作？

⑤是否发生了影响员工工作任务或重要性次序变化的事件？

⑥如果发生了，在目标或任务方面应做哪些改变？

通过以上问题的交流探讨，员工对自己的绩效完成情况就基本明了，改进方法也就基本达成了。

（4）绩效改进。在绩效反馈的基础上，针对存在的实际情况，对绩效内容、绩效目标、评价方式等方面继续进行优化和改进，绩效考核方案就会逐步走向科学与合理，更高的管理目标就会逐步实现。

以上四步，就是绩效管理的基本流程，如下图所示。

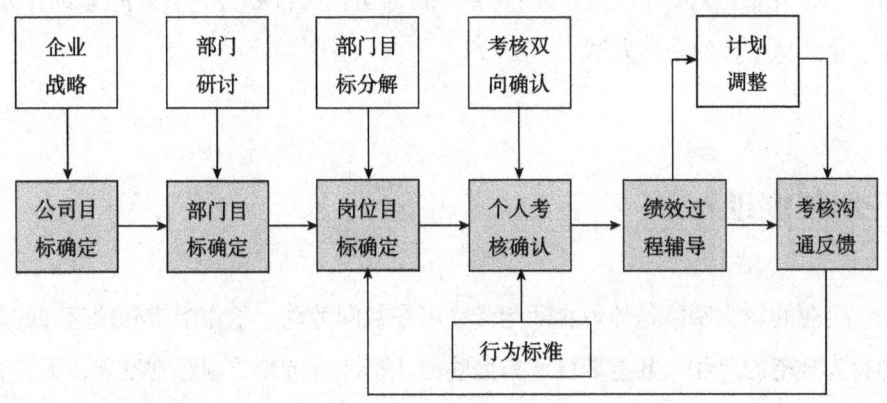

4. 分阶段实施

在遵循以上原则的基础上，企业的绩效考核推行由无到有，往往会经历以下四个阶段。

（1）形式期，绩效考核刚刚推行时往往都处于这个阶段。此时考核往往以试考核形式出现，考核结果可以不与绩效工资挂钩，主要是让各级人员找到考核的感觉，掌握考核的方式方法。

（2）行事期，绩效考核已逐步开展、渐入佳境时所处的阶段。此时考核开始与绩效工资、利益、晋升等挂钩，真正进入实操阶段。

（3）习惯期，此时绩效考核已形成习惯，形成了制度性语言。在这个阶段的企业，基本上一到考核周期，企业由上至下会自发地进行考核，统计考核数据，计算绩效工资，一旦涉及员工薪酬调整、晋升，会首先以过往的绩效为依据。

（4）文化期，此时绩效考核已经与企业文化结合在一起，员工希望被考核，考核已成为企业必备的一种常态，企业呈现一种公平竞争、公开要求的平等氛围。

总之，绩效考核是一个系统工程，需要运用归零思维对企业管理的各个方面进行深入的分析与谋划,做到死角归零、漏洞归零、系统风险归零。

企业实行绩效考核,有利于员工的工作、学习、成长,同时也可以让绩效考核作为员工升职加薪的基本依据。可以根据绩效考核结果准确找出工作的薄弱环节,并根据具体员工的培训需要,制订切实可行和行之有效的培训计划,实现企业与个人的全面发展。

管理制度设计

企业的规章制度是体现企业与劳动者在共同劳动、工作中所必须遵守的劳动行为规范的总和,其重要性不言而喻。我们在咨询辅导中经常发现,很多企业制度不健全,导致企业管理很难走向正轨。

没有规矩不成方圆,没有制度就没有约束。好的制度能激发员工的责任意识,能让有担当、有业绩的员工得到保护与激励,能让没有责任心,危害企业利益的员工得到约束和惩治。企业应坚持"四化"原则,即:复杂的事情简单化,简单的事情流程化,流程化的事情标准化,标准化的事情制度化。一旦发生事件时,我们必须自问:这究竟是一次"真正的偶发事件",还是另一种"经常事件"的首次出现?如果是"经常事件"的首次发生,企业就必须及时建立制度,防范再次出现。

一、制度的重要性

1. 制度化管理有利于企业效率的提升

制度是透明而公开的,在制度化管理下,企业要实现每一件事情都是程序化的、标准化的,这样做有利于员工迅速掌握自己需要的工作技能,有利于员工与员工之间、部门与部门之间、上级与下级之间进行有效的沟通,使企业内部的工作失误降到最低。

2. 制度化管理有利于企业运行的规范化和标准化

企业实现制度化管理就是要达到"一切按照制度办事"的目标。当每个人都把这一点牢记于心并贯彻到工作中的时候，员工就可以依据共同的制度准则来处理各种事情，而不必见风使舵、察言观色。

3. 制度具有指导和约束的作用

制度对相关人员做些什么工作、如何开展工作都有一定的提示和指导，同时也明确相关人员不能做什么，以及违背了会受到什么样的惩罚。因此，制度有指导性和约束性的特点。

4. 制度具有鞭策激励的作用

制度随时鞭策和激励着员工遵守纪律、努力学习、勤奋工作。

5. 制度具有明确规范和程序的作用

制度对实现工作程序的规范化、岗位责任的法规化、管理方法的科学化起着重大作用。制度本身有程序性作用，为员工提供可供遵循的依据。

二、制度的特征

1. 制度是为了满足企业经营目标和管理需要而制定。
2. 制度具有一定的适用范围。
3. 制度针对对象包括工作、活动和人员行为。
4. 制度具有约束力和强制性。

三、制度的功能

1. 规范管理，能使企业经营有序，增强企业的竞争实力。
2. 制定规则，能使员工行为合规，提高管理效率。
3. 制度是企业、员工及其机构的行为准则。
4. 制度是完善合法用工的主要手段。
5. 制度是企业管理体制有序化运行的保障。
6. 管理制度体现了企业的核心理念，是企业文化的重要构成。

四、企业管理制度的层次结构

1. 企业制度建设基于企业的发展战略、企业现状、业务流程及企业文化的要求。

2. 企业的组织架构是企业管理制度的"基干",各部门的制度及规章是"枝",岗位职责与流程是"叶"。如下图所示。

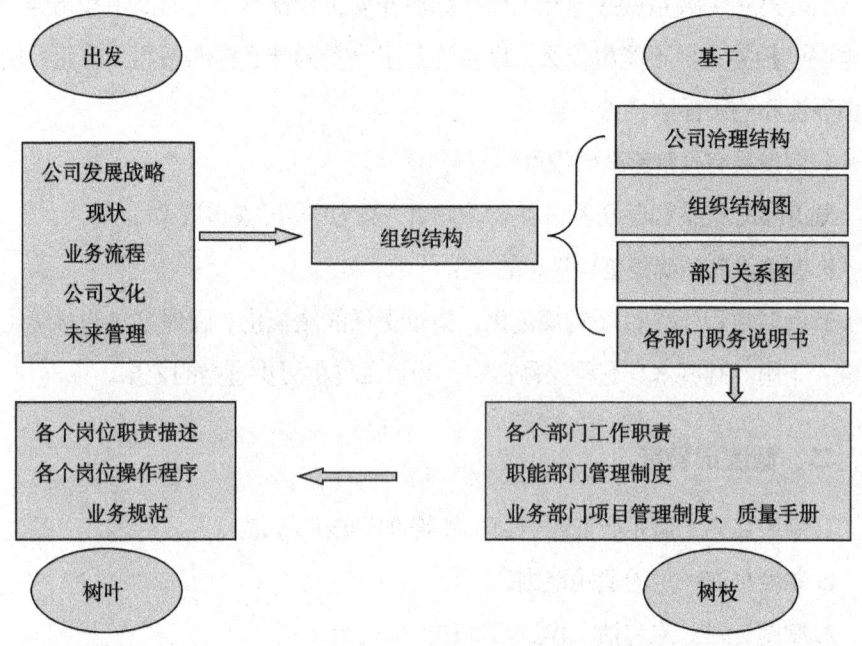

3. 管理制度指的是企业的各项规章制度的集合,包括章程、规程、规定、条例、守则、细则、制度、办法以及技术标准、管理标准和工作标准等。企业章程及法人治理结构是企业的根本大法,组织架构和分权授权是基本制度,部门规章、业务流程和操作规范是具体制度。具体结构如下图所示。

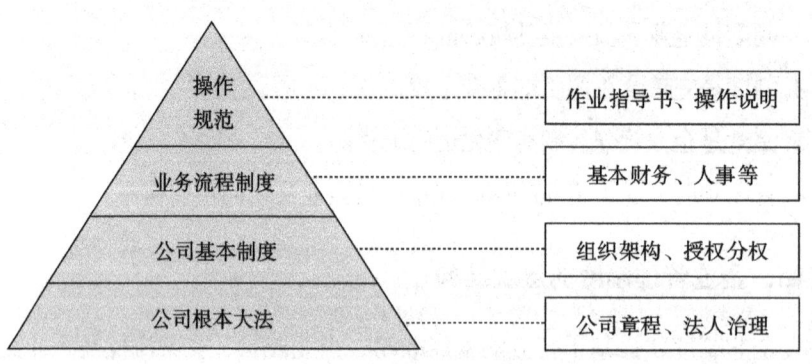

五、企业管理制度方面存在的主要问题

1. 缺少系统、完善的制度体系。
2. 制度内容不健全、不科学，制度之间互相矛盾。
3. 员工对制度重要性认识不够。
4. 制度缺少宣传贯彻。
5. 制度执行力差，有法不依、执法不严。
6. 缺少检查、奖惩机制。
7. 制度改进跟不上企业快速发展的步伐。
8. 缺少制度建设评价机制。

六、企业管理制度的主要内容

企业的管理制度应成体系，按照业务模块进行分类，制度可以分为人力资源管理制度、行政管理制度、财务管理制度、营销管理制度、生产管理制度、质量管理制度、技术管理制度、采购管理制度、项目建设管理制度等。具体制度参考目录如下，企业可以根据实际情况参照目录进行编订。

1. 人力资源管理制度目录

类别	序号	目录
人资规划	1	人力资源发展规划管理制度
	2	组织编制与职位体系管理制度
招聘与配置	3	职工入职管理制度
	4	职工离职管理制度
	5	招聘工作管理制度
	6	干部选拔任用管理制度
	7	岗位轮换与人员调动管理制度
培训与开发	8	员工综合素质评估管理制度
	9	员工培训管理制度
	10	人才梯队建设管理制度
	11	技术职称与技术等级管理办法

续表

类别	序号	目录
绩效管理	12	绩效考核管理制度
	13	合理化建议管理制度
	14	职工出差管理规定
薪酬管理	15	职工福利与职工关怀管理制度
	16	薪酬保险管理制度
劳动关系管理	17	劳动安全保护与工伤管理制度
	18	职工劳动纪律管理制度
	19	职工人事信息管理制度
	20	员工人事关系管理制度
	21	劳动合同管理办法

2. 行政管理制度目录

类别	序号	目录
行政事务管理	1	会议管理制度
	2	业务招待管理制度
	3	来访接待管理制度
证照资料管理	4	文件管理制度
	5	印章管理制度
	6	证照管理制度
	7	档案管理制度
	8	合同管理制度
办公物资管理	9	办公车辆管理制度
	10	办公设备管理制度
	11	工装穿戴管理制度
	12	劳保用品管理制度
安全卫生食宿管理	13	门卫管理制度
	14	卫生管理制度
	15	职工食堂管理制度
	16	职工宿舍管理制度

3. 财务管理制度目录

大类	分类	序号	目录
总则	总则	1	总则
财务组织管理	人员组织	2	财务组织管理制度
	人员管理	3	财务人员管理制度
		4	财务人员保密管理制度
		5	财务人员工作交接管理制度
	业务程序	6	财务内部牵制制度
		7	财务检查管理制度
	业务管理	8	会计稽核管理制度
		9	会计监督管理制度
财务信息化管理	会计电算化管理	10	会计电算化管理制度
	财务信息化管理	11	财务信息化权限管理制度
		12	财务信息化安全管理制度
财务日常事项管理	印鉴管理	13	财务印鉴管理制度
	票据管理	14	收据及票据管理制度
	费用管理	15	出差审批、培训费用与差旅费报销管理制度
		16	车辆费用管理制度
		17	招待费管理制度
		18	办公费用管理制度
		19	备用金管理制度
	保险管理	20	财产保险管理制度
	分析与报告	21	财务重大事项报告制度
		22	财务报告与财务分析管理制度
	档案管理	23	财务档案管理制度
资金运营管理	资金管理	24	资金管理制度
		25	应收票据管理制度
	融资管理	26	银行承兑汇票开具管理制度
		27	信用证开具管理制度
	对外担保	28	对外担保管理制度

续表

大类	分类	序号	目录
税务管理	税务业务	29	发票管理制度
		30	纳税申报管理制度
	税务风险	31	税收筹划管理制度
		32	税务风险管理制度
运营财务管理	采购管理	33	采购财务管理制度
		34	应付账款管理制度
	仓储物流	35	低值易耗品管理制度
		36	存货仓储管理制度
		37	库存管理制度
	销售管理	38	销售管理制度
		39	应收账款管理制度
财务监督与控制	合同管理	40	合同管理制度
	资产管理	41	固定资产管理制度
		42	财产清查管理制度
	项目管理	43	在建工程管理制度
		44	项目招投标管理制度
		45	工程项目管理制度
	财务审批	46	财务审批管理制度
	实施细则	47	会计基础工作规范化实施细则
	资金预算	48	资金预算管理制度

4. 营销管理制度目录

类别	序号	目录
人员管理	1	营销人员招聘管理制度
	2	营销人员薪酬管理制度
	3	营销人员工作计划管理制度
	4	营销部门考勤制度
	5	营销部门培训制度
	6	销售内勤管理制度

续表

类别	序号	目录
机构管理	7	销售费用管理制度
	8	销售计划管理制度
	9	营销会议管理制度
	10	营销车辆管理制度
	11	驻外机构管理制度
业务管理	12	市场调查管理制度
	13	产品宣传推广管理制度
	14	合同签订管理制度
	15	售后服务管理制度
	16	客户档案管理制度
	17	应收账款管理制度
	18	销售价格管理制度
	19	经销商政策管理制度
	20	客户投诉处理制度

5. 生产管理制度目录

类别	序号	目录
生产安全管理	1	安全事故管理制度
	2	安全检查和隐患整改管理制度
	3	安全教育和培训管理制度
	4	进入受限空间作业安全管理制度
	5	动火作业安全管理规定
	6	高处作业安全管理规定
	7	动土作业安全管理规定
	8	劳动保护用品发放管理规定
	9	油品管理规定
	10	特种作业人员管理规定
	11	固体废弃物管理制度
	12	厂内机动车辆管理制度

续表

类别	序号	目录
生产安全管理	13	手持式电动工具安全管理制度
	14	相关方安全管理制度
	15	消防安全管理制度
	16	新建、改建、扩建项目"三同时"管理规定
	17	安全标志、标识管理制度
	18	变更管理制度
	19	噪声作业防护管理制度
	20	用电安全管理制度
	21	危险化学品管理制度
	22	防暑降温管理规定
	23	安全生产文件档案管理制度
应急管理	24	应急管理制度
设备管理	25	设备管理制度
	26	设备使用、维护与修理管理制度
	27	起重设备管理制度
	28	工装模具管理规定
责任制管理	29	企业安全生产目标考核办法
成本及数据管理	30	生产成本管理制度
	31	材料消耗定额管理规定
	32	生产统计管理制度
	33	生产用物资管理制度
现场规范管理	34	产品标识管理规定
	35	定置管理规定
	36	6S生产管理规定
生产质量管理	37	工艺纪律执行管理规定

6. 质量管理制度目录

类别	序号	目录
质量检验环节	1	原材料、外协件检验管理制度
	2	半成品、成品检验制度
	3	生产过程质量检验制度
质量体系建设	4	检验记录实施细则
	5	检验印章管理细则
	6	不合格品管理制度
	7	可追溯性管理制度
	8	工艺纪律实施细则
	9	材料消耗定额管理制度
	10	质量标准制定、修改、颁布制度
	11	质量体系评审制度
	12	质量奖罚制度
	13	质量分析会议制度
	14	质量培训制度
质量问题防范	15	质量信息反馈制度
	16	预防措施控制制度
	17	监视和检测制度
	18	质量统计制度
质量问题处理	19	质量事故管理制度
	20	质量投诉管理制度

7. 技术管理制度目录

类别	序号	目录
机构及人员管理	1	技术开发中心管理办法
	2	技术人员管理制度
设备、物资、成本、费用及资料管理	3	技术开发装备使用管理规定
	4	技术开发物资使用管理规定
	5	技术研发经费管理规定

续表

类别	序号	目录
设备、物资、成本、费用及资料管理	6	实验室设备管理制度
	7	实验室样品、图纸、资料保密制度
	8	技术文件管理制度
	9	技术档案管理制度
	10	技术信息管理制度
	11	技术开发成本控制制度
技术研发过程管理	12	技术开发程序管理制度
	13	新产品开发设计程序制度
	14	设计变更管理制度
	15	技术检验管理制度
	16	技术成果管理制度
技术成果应用管理	17	实验室检验工作质量保证制度
	18	检验报告填写、审核和批准制度
	19	技术培训制度
	20	技术交底管理制度

8. 项目管理制度目录

类别	序号	目录
项目管理	1	工程预决算管理规定
	2	工程物资采购、验收、入库管理规定
	3	工程款支付管理制度
	4	工程量统计和现场签证管理规定
	5	施工质量检查规定
	6	项目招标管理制度
	7	项目验收管理制度
	8	项目试运行管理制度
施工管理	9	安全生产宣传教育制度
	10	安全生产检查制度
	11	安全事故处理制度

续表

类别	序号	目录
施工管理	12	安全生产责任制度
	13	安全生产奖罚条例
	14	劳保用品发放与管理制度
	15	劳务用工管理制度
	16	施工现场安全保卫工作
	17	项目进度管理制度
	18	承包单位管理制度
	19	施工现场外来人员管理制度
	20	施工现场消防管理制度

9. 采购管理制度目录

类别	序号	目录
机构及人员管理	1	采购部门管理制度
	2	采购内勤管理制度
	3	采购业务员管理制度
	4	采购员出差管理规定
基本管理规定	5	采购程序管理制度
	6	采购合同评审制度
	7	供应商评价制度
	8	供应商档案管理制度
采购过程管理	9	采购付款管理制度
	10	采购物资储运管理办法
	11	联合采购工作操作规程
	12	询价比价管理制度
	13	招标采购管理制度
	14	采购物资验收入库管理制度
后续问题管理	15	不合格原材料索赔制度

七、企业管理制度设计的步骤

企业在设计管理制度时，首先要明确需解决的问题及所要达到的目的，其次要找到制度的角度定位，并开展内、外部调研，明确制度规范化的程度，统一制度格式等。制度设计步骤如图所示。

明确问题	企业制定各项管理制度的主要目的在于预警性地规避风险或将已发生问题及其危害控制在一定范围内，以避免或减少不必要的损失，保证企业经营活动的正常、有序运行
角度定位	制度设计人员在设计或修定制度时要站对、站稳制度设计的立足点，如战略角度、企业管理角度、部门管理角度、业务管理角度、人员管理角度等
调研访谈	制度设计人员应进行调研访谈，了解企业实际存在的、业务运作过程中出现的、需要解决的问题等，从而设计出真正能满足企业需求的合适制度
统一规范	一套体系完整、内容合理、行之有效的企业管理制度应符合"三符合""三规范"及其他要求
制度起草	制度起草工作包括明确制度类别，确定制度风格和写作方法，明确制度目的，在调研的基础上进行制度内容规划并形成纲要，拟定条文形成草案并进行制度格式标准化
制度定稿	制度草案制定完成后，制度设计人员需通过意见征询、试行等方式获得相关建议，发现不足和纰漏并进行修改完善，直到最终定稿审批通过
制度公示	制度要为企业运营和发展服务，企业应以适当方式向全体员工公示，以示制度生效，便于员工遵守执行

八、管理制度的编制要求

1. 应依据国家有关法律法规和企业章程，根据企业管理的客观规律、实际状况和需要，参照有关标准和规定编制。

2. 做到主题明确、语言准确、概念清楚、文字简练、操作性强。

3. 适用范围、职责、权限与业务流程对接应界定清晰、准确，做到无漏项、无重复、无冲突，确保制度设置的合理、统一。

4. 在起草规章制度时，内容涉及两个及以上部门或业务范围时，发文部门应与相关部门沟通协调，确保与相关专业的规章制度不相互矛盾。

5. 在制定新的规章制度时，应注意与现行有效制度的相互衔接。如出现新旧制度不一致时，由发文部门请示主管领导协调解决。

6. 在设计管理制度时需遵循一定的编制要求，即"三符合""三规范"。

（1）符合管理者最初设想的状态。

（2）符合企业管理的科学原理。

（3）符合客观事物发展规律或规则。

（4）规范制定者，制度制定者品行好，为人公正、客观，有较强的文字表达能力和分析能力，熟悉企业各部门的业务流程及具体工作方法，了解国家法律法规、社会公共需要和员工个人的风俗信仰、行为习惯等。

（5）规范制度的内容，制度内容不违反国家法律法规和公序良俗，制度体系完善、科学、系统，内容规范、有效、有的放矢；形式美观，制度框架格式统一，简明扼要、易操作、无缺漏；语言简洁，条理清晰，前后一致，符合逻辑规律等。

（6）规范实施过程，明确培训及实施、公示及管理、定期修订等实施过程内容，营造规范的执行环境，减少制度执行过程中可能遇到的阻力。

归零——归零思维再造企业

业务流程设计

20世纪90年代初，美国著名企业管理大师、麻省理工学院原教授迈克尔·汉默提出了业务流程管理理论，引发了新的管理革命浪潮。美国的一些大企业，如IBM、通用汽车、福特汽车等企业纷纷推行流程管理。实践证明，这些大企业实施流程管理以后，企业发展取得了巨大成功。企业要运用归零思维全面分析所有流程，实现流程盲区归零，实现全面流程管控。

一、流程的系统性

流程无处不在。研发有研发的流程，生产有生产的流程，计划有计划的流程，销售有销售的流程，客服有客服的流程，人事有人事的流程，财务有财务的流程。在企业的各种管理工作中，都包含着大量的业务流程管理工作。

企业的很多流程不能仅靠一个部门来完成，更多的是企业部门间的协同合作，而且有些企业还存在着跨地域的合作。例如采购流程，它涉及生产部门、采购部门、仓储部门、财务部门、商务部门、合同签署中的法律部门以及企业的高层管理部门。企业的业务流程存在着各业务部门的天然联系，其流畅的业务处理需要各部门以企业的利益为最高利益，协同工作。

二、企业流程管理存在的主要问题

1. 管理流程和业务流程混为一谈。
2. 核心业务流程不清晰，核心业务流程受到职能的不合理制约，导致流程不顺畅。
3. 核心业务流程不是以客户、市场为关注焦点，不利于提高企业市场竞争力。
4. 核心业务流程不顺畅，导致研发、生产和营销不匹配，整体效率低下。
5. 流程人为分割，各自为政，造成浪费现象严重。
6. 工作流程不畅，工作方法经验化，协调多。
7. 采购业务环节控制不力，导致采购成本高、质量下降。

8. 物流配送流程不合理，导致供货周期长，客户不满意。

9. 对管理信息系统缺乏统一规划，领导重视程度不够。

三、业务流程设计的三个层次

1. 第一个层次是业务流程的建立和规范

在一个企业尤其是中小企业建立的初期，由于企业生存的压力，管理者普遍关注市场和销售，对流程和制度不重视，运作基本靠员工的经验和一些简单的制度，企业的成功往往取决于企业主的个人能力和一些偶然的机会，比如，拥有该行业成功所需要的特定资源。处于这个层次的企业，在解决了生存问题，开始走向规模化的时候，面临着从人治向法治的转变。处于第一个层次的企业，面临的最大问题是无序，通常会出现组织结构不健全，机构因人设岗，权责不清，没有制度流程。这些企业通常没有成型的组织机构，谁熟悉哪一块也就由谁负责该项业务，职能通常会有交叉，企业的运作基本上依赖于人的经验和惯性，经常会发生越级指挥事件，表现出高度集权的特点。从流程管理的角度，这个时期的企业急需建立起基本的流程和规范，如业务运作流程、作业指导书、岗位说明书、人力资源管理体系等。这个时期的企业不能强求业务流程的精细，关键是明确权责，识别和描述流程，使工作例行化。

2. 第二个层次是业务流程优化

由于企业规模的扩大，组织的机构会逐渐庞大，分工会越来越细，企业官僚化程度也随之增加，这个时候面临的最大问题是效率的低下。通常这类企业会表现出以下特点：组织机构完整，甚至大而全，也有书面的职责说明、制度流程，但是会出现部门之间合作不畅，跨部门流程工作效率低下，决策时间长，制度流程虽然有但是没有达到精细化的程度，流程执行不到位等问题。具备这个特点的企业，其业务模式相对稳定，而且通常企业发展比较快。在这个阶段的企业需要解决的问题是如何提高企业的效率和反应速度。

3. 第三个层次是流程重组

流程重组是指通过对企业战略、运营流程以及支撑它们的系统、政策、组织和结构的重组与优化，达到工作流程和生产力最优化的目的。它强调以业务流程为改造对象和中心、以关心客户的需求和满意度为目标、对现有的业务流程进行根本的再思考和彻底的再设计，利用先进的制造技术、信息技术以及现代的管理手段，最大限度地实现技术上的功能集成和管理上的职能集成，以打破传统的职能型组织结构，建立全新的过程型组织结构，从而实现企业经营在成本、质量、服务和速度等方面的突破性的改善。流程重组，第一步是分析现有流程，发现症结所在，对于选择好要重组的业务流程，对其进行细致、准确的流程分析，弄清楚现有流程的核心环节、优缺点及存在的突出问题，并考查重组可能涉及的部门，做初步影响分析。第二步是设计新的业务流程，简化或合并非增值流程，减少或剔除重复、不必要流程，从而构建新的业务流程模型。第三步是评价新的业务流程，根据企业既定目标与现实条件，对新流程进行评估，评价其是否可行，效益如何以及能否有效实现原定目标。第四步是实施、修正新流程，并通过实践将其不断完善。

四、流程管理如何有效落地

1. 建立战略执行保障体系

战略决定产品规划，战略指导资源配置，战略引导组织工作的重心。要确保战略实现，首先要建立一个切实可行的战略执行保障体系。其中，业务流程是战略执行落地的核心枢纽，在整个战略执行体系中起承上启下的作用，企业的战略目标只有落实到流程上才能变得可执行，即通过建立和企业战略目标一致的流程目标，使业务流程环环相扣，同时流程目标与绩效体系有效关联，从而形成企业战略执行体系。

2. 发挥业务流程管理的核心枢纽作用

围绕战略目标实现的关键成功因素而制定的行动措施要得到有效实施，必须将各项行动措施落实到各部门具体的业务工作中，确保各项行动措施职责分工明确，业务实施流程清晰，才能保障其有效执行。

3. 对流程进行分级管理

（1）一级流程又称为主流程，为管理者提供主要业务功能架构，主要目的是厘清部门之间、业务模块之间的分工、接口和顺序。例如，物资管理流程，将涉及物资技术标准、采购、生产、物流、仓储等管理模块,该流程将详细描述界定各模块之间的关系、接口和管理要求。

(2)二级流程又称为子流程,主要是针对一级流程中一些核心业务模块或关键业务流程进行细化描述,明确过程的输入和输出,各项活动和方法、流程接口及其相互作用,明确所需资源和信息要求或者需要的监视测量、分析和改进措施。例如,生产计划管理流程,从计划的策划、执行、变更、评估一直到改善优化,应明确流程所有环节的控制要求。

(3)三级流程又称为操作流程,主要针对重要或关键岗位明确其岗位业务流程,关键是将其岗位的具体工作流程进行详细分解,每一步工作需要关注的质量、安全、成本、设备、环境等核心控制要求进行全面识别描述,对其众多的企业文件中相关的要求进行有效链接,确保该岗位作业要求要点清晰明确,提高岗位工作的效率和规范性。

4. 业务流程必须严格执行

(1)业务流程管理应得到领导重视支持,做到全员参与,严格执行业务流程规范,结合实际工作发现不足,持续优化。

(2)业务流程应与绩效考核体系有效关联,通过绩效跟踪分析评估及时发现偏离流程目标要求情况,及时改善改进。

(3)建立全面的战略回顾评估机制。流程管理就是消除人浮于事、扯皮推诿、职责不清、执行不力的痼疾,从而达到企业运行有序、效率提高的目的。企业运行必须让流程说话,管理者思考问题时要用流程思考,而不是"等领导发话""等领导拍板",更不是"拍脑袋"。只有随时监督并评估流程的执行情况,把握好各个流程节点,才可以将工作理得更顺畅,让员工的效率迅速提高。

五、流程设计的原则

1. 将业务流程与企业组织架构进行匹配。
2. 将业务流程与岗位设置进行匹配,确保不相容流程相分离。
3. 流程之间相互控制。
4. 流程与企业 ERP 管理软件相统一。

5. 绘制业务流程图。

六、找到流程中心建立一级流程

在柏涵管理咨询组织的公开培训课程上，我曾经问一些企业家，如果企业的产量跟不上，责任在哪个部门？答案是生产部门；如果销量不好，责任在哪个部门？答案是销售部门；如果是流程不顺，责任在哪个部门？大家一般回答不上来。其中的主要原因是没有找到流程中心。

1. 服务型企业的流程中心

对于服务型企业来说，主要是为客户提供服务，通过服务获取收益。其一级业务流程基本是：客户通过业务部门签约，业务部门将服务事项交与计划部门，计划部门安排项目部负责实施，实施完成由客户验收。一级流程如下图。

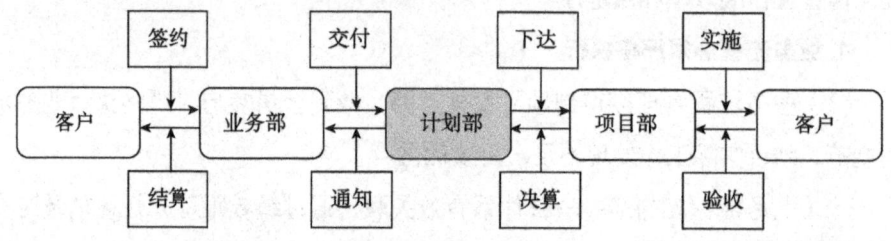

在此流程中，要考虑以下两个问题。

（1）如何确定业务部的业绩，不是业务部自己说了算，而是业务部将多少业务交给了计划部，即计划部和业务部共同认定，这个过程就是业务部的交付和计划部的接收。这是个交易过程，这个交易过程就是业务部业绩的确认过程。

（2）如何确定项目部的业绩，不是项目部自己说了算，而是计划部将多少项目交给了项目部，即计划部和项目部共同认定，这个过程就是计划部的交付和项目部的接收。这是个交易过程，这个交易过程就是项目部业绩的确认过程。

为什么说必须通过交易过程才能认定业绩呢？因为没有交易就没有数据，数据通过交易产生，并通过交易确认。比如，北京某小区的房价是每平方米10万元，并不是买房人说的，也不是卖房人说的，而是因为有人以每平方米10万元的价格出售，也有人以每平方米10万元的价格购买，这个交易通过双方的确认并成功实施。交易的中心部门就是交易中心，也是权威数据的产生部门。

因此，在以上流程中，计划部门就是服务型企业的交易中心，也是流程中心。

找到了流程中心，就可以将流程中心作为核心点，向前及向后延伸建立一级流程。如果企业业务不顺，就要找到流程中心进行梳理和优化。

2. 生产型企业的流程中心

对于生产型企业来说，主要是为客户提供产品，企业的仓储部门是企业的物资集散地，企业的经营数据通过各部门与仓储部门办理发出、入库交易而产生，如果没有交易，就没有数据。如下图所示。

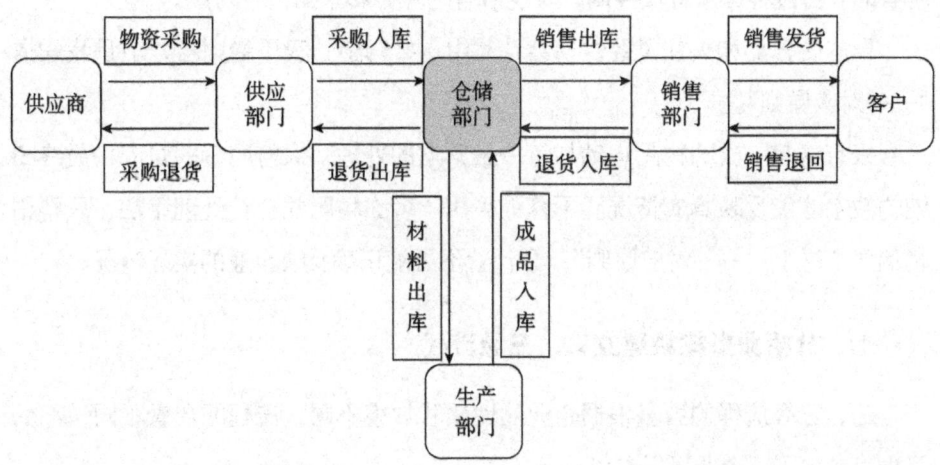

在此流程中，需要考虑以下几个问题。

（1）如果仓库的原材料入库数据有问题，则采购环节可能存在问题，企业与供应商的往来账可能不相符。

（2）如果仓库的产成品出库数据有问题，则销售环节可能存在问题，企业与客户的往来账可能不相符。

（3）如果仓库的原材料出库数据有问题，则生产环节的管理存在问题，成本核算不准确。

（4）仓储部门是企业经营数据的产生部门，只有强化仓储管理才能找到控制采购、销售和生产的总抓手，仓储部门的管理水平决定了企业数据的准确性。

一旦没有可靠的、准确的数据作为管理依据，管理的规范性就无从谈起。

（5）数据的准确性，反映了流程的顺畅性。

在生产型企业中，仓储部门就是企业的流程中心，当然生产型企业中的生产计划调度部门也很重要，但是相对于仓储物流部门对流程的影响程度来说，还是仓储部门影响大。要维护仓储部门的流程中心地位，企业就要严格执行业务流程，必须做到以下几点。

（1）所有的出入库程序必须要有严格的控制制度、控制程序及对应的单据。

（2）加强财务对仓储部门的监督，定期盘点对账。

（3）加强企业计划调度管理，实现所有的采购、销售、生产均有调度控制，所有的业务过程都有订单控制，实现所有的业务和单据一一对应。

日本的稻盛和夫在《经营与会计》中这样写道：我不懂财务，但是我知道"一一对应原则"。

只有将每一次的物品流动与每一张票据的处理，保持明确的对应，最终归纳的数字才能反映真实情况。不管你采用了多么精明的会计处理手法，只要稍稍偏离了这个"一一对应原则"，会计就不可能正确反映企业的实际情况。

七、分析业务模块建立二、三级流程

二、三级流程的数量根据企业的性质和规模不同，流程的数量不同，部分流程目录如下，企业可以参考设计。

类别	序号	流程	序号	流程
财务流程类	1	发票开具流程	13	报表编制及汇报流程
	2	税款缴纳流程	14	个人所得税申报流程
	3	付款流程	15	对外担保流程
	4	银企对账流程	16	财务信息对外提供流程
	5	财务记账结账流程	17	财务投资管理流程
	6	内部关联单位对账流程	18	费用报销流程
	7	生产成本核算流程	19	备用金申请流程
	8	承兑汇票办理流程	20	账户启用流程

续表

类别	序号	流程	序号	流程
财务流程类	9	供应商对账流程	21	借款流程
	10	客户对账流程	22	财务档案装订、保管流程
	11	固定资产盘点流程	23	外埠资金管理流程
	12	存货盘点流程	24	银行开户、销户流程
人资流程类	1	人员招聘、培养、晋升流程	11	员工业务交接流程
	2	劳动合同续签流程	12	员工绩效考核流程
	3	跨部门人员调动流程	13	招聘录用流程
	4	员工培训流程	14	员工转正流程
	5	员工请假流程	15	岗位竞聘流程
	6	保险管理流程	16	员工报到流程
	7	背景调查流程	17	入职管理流程
	8	员工辞退流程	18	员工转正流程
	9	定岗定编流程	19	职称评定流程
	10	工资计算流程	20	薪资异动流程
行政流程类	1	组织架构设置流程	11	办公物品申购领用流程
	2	公文审批流程	12	车辆加油流程
	3	用印申请流程	13	车辆维修保养审批流程
	4	政令及制度发布流程	14	消防管理工作流程
	5	文件档案管理流程	15	治安保卫工作流程
	6	证照使用工作流程	16	环卫绿化工作流程
	7	公关事务工作流程	17	卫生检查工作流程
	8	参观接待工作流程	18	员工出入工作流程
	9	员工宿舍管理工作流程	19	办公设备报废工作流程
	10	员工食堂管理工作流程	20	来客招待申请流程
采购流程类	1	物资请购流程	11	采购计划编排流程
	2	询价比价流程	12	供应商档案管理流程
	3	议价流程	13	运输合同签订流程
	4	合同谈判流程	14	运输确定流程
	5	合同审批流程	15	运费结算流程

续表

类别	序号	流程	序号	流程
采购流程类	6	付款流程	16	发票索取流程
	7	到货验收流程	17	供应商对账流程
	8	到货入库流程	18	到货周期控制流程
	9	质量索赔流程	19	采购合同变更流程
	10	退货流程	20	采购订单变更流程
生产流程类	1	安全考核流程	11	设备管理流程
	2	安全巡检流程	12	计划下达流程
	3	原料领用流程	13	废品回收流程
	4	成品入库流程	14	外出加工流程
	5	产量统计流程	15	工艺变更流程
	6	工具管理流程	16	调度工作流程
	7	设备保养流程	17	现场管理流程
	8	产品返工流程	18	呆料处理流程
	9	动火审批流程	19	成本分析流程
	10	在线检验流程	20	模具管理流程
销售流程类	1	销售政策制定流程	11	质量问题处理流程
	2	销售价格制定流程	12	客户投诉处理流程
	3	销售客户开发流程	13	客户档案整理流程
	4	合同审批流程	14	合同变更流程
	5	客户参访流程	15	订单变更流程
	6	产品出库流程	16	客户招待流程
	7	物流发货流程	17	市场走访流程
	8	货物签收流程	18	业务人员出差流程
	9	客户对账流程	19	广告投放流程
	10	客户收款流程	20	会议招商流程
质量检验流程类	1	原材料检验流程	11	质量成本控制流程
	2	半成品检验流程	12	质量信息传递流程
	3	成品检验流程	13	检测仪器管理流程
	4	次品重制流程	14	质量目标制定流程

续表

类别	序号	流程	序号	流程
质量检验流程类	5	原料留样流程	15	质量数据统计流程
	6	样品制作流程	16	质量文件管理流程
	7	质量分析流程	17	质量处罚工作流程
	8	材料外检流程	18	质量体系内审流程
	9	质量体系认证流程	19	质量体系外审流程
	10	质量问题追责流程	20	质量文件修订流程
仓储管理流程类	1	原料入库流程	11	仓库安全管理流程
	2	原料出库流程	12	物资保质期汇报流程
	3	成品入库流程	13	呆滞物料上报流程
	4	成品出库流程	14	物资消防管理流程
	5	定额存储物资采购提报流程	15	贵重物品管理流程
	6	废旧物资入库流程	16	危险化学品管理流程
	7	废旧物资出库流程	17	油料管理流程
	8	库存盘点流程	18	定期检验物资质检流程
	9	盘盈盘亏处理流程	19	称重物资过磅流程
	10	仓库卫生管理流程	20	物品质量检测流程
资产管理流程类	1	固定资产请购流程	11	资产预算编制流程
	2	固定资产入账流程	12	资产折旧计提流程
	3	固定资产盘点流程	13	资产领用流程
	4	固定资产调拨流程	14	资产维修流程
	5	固定资产改建流程	15	固定资产出租流程
	6	固定资产扩建流程	16	固定资产租入流程
	7	资产报废流程	17	固定资产借出流程
	8	资产处置流程	18	资产卡片建设流程
	9	资产评估流程	19	资产保险购买流程
	10	新增资产验收流程	20	资产保修管理流程
项目管理流程类	1	项目估算流程	11	项目物资采购流程
	2	项目结算流程	12	项目物资入库流程
	3	工程施工流程	13	项目物资出库流程

续表

类别	序号	流程	序号	流程
项目管理流程类	4	项目付款流程	14	项目物资盘点流程
	5	项目验收流程	15	项目成本核算流程
	6	项目分包流程	16	项目进度跟踪流程
	7	项目招标流程	17	项目质量控制流程
	8	项目方案评估流程	18	项目变更流程
	9	项目立项流程	19	项目会议召开流程
	10	安评环评流程	20	项目资料归档流程

以上目录只是列举了一般中小企业常用的部分二、三级业务流程，企业可以根据实际情况确定适合自己企业的业务流程目录，并编制各业务流程图表，以方便员工参照执行。以下是某企业的《采购付款流程说明》和《培训需求提报流程说明》，供读者参考。

《采购付款流程说明》

一、流程图

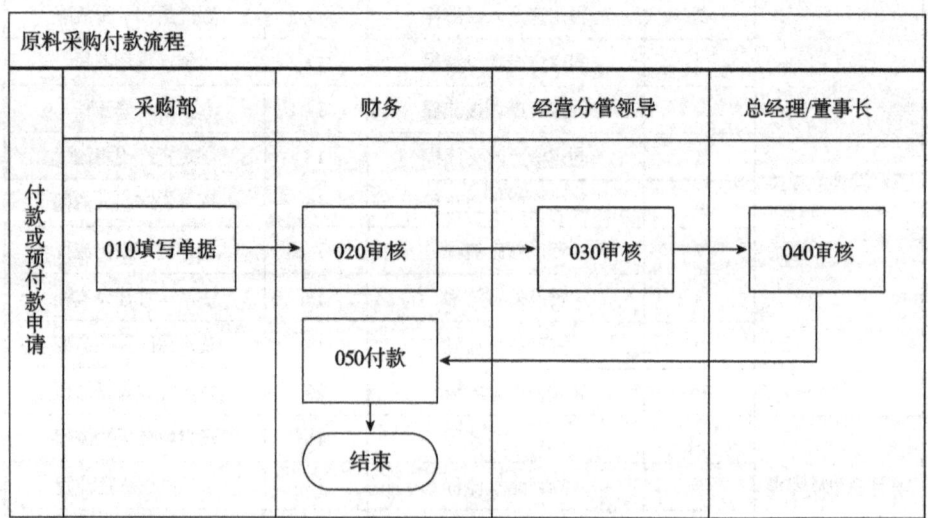

二、流程说明

序号	流程说明	备注
010	业务经办人依据采购合同或供应商要求，填写预付款申请，后附经过审批的采购计划、采购合同等附件，并及时与供应商沟通确认到货时间等，在钉钉账款管家做采购应付合同，并在应付合同上审批付款	紧急特殊情况采购后补采购合同需在采购实施一周内完成
020	审核手续是否完善，是否达到付款条件	
030	对提报的付款申请进行审核	
040	总经理/董事长在权限范围内审批付款申请	
050	根据审批通过的申请办理付款手续	

《培训需求提报流程说明》

一、流程图

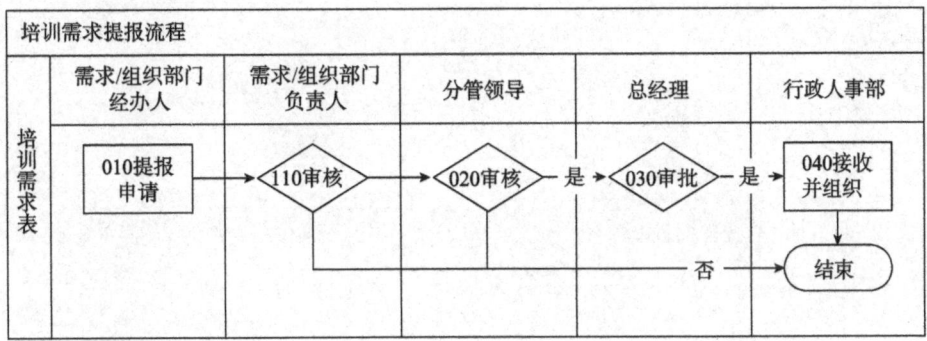

二、流程说明

序号	流程说明	备注
010	需求部门根据部门实际情况提报培训申请并阐释培训目的、方式等情况，填报培训需求表	
110	需求/组织部门负责人根据提报的培训申请内容进行审核	
020	分管领导根据企业、部门实际情况平衡培训需求是否合理，审核培训需求	
030	总经理依据部门及分管领导提报的培训需求并根据企业实际培训安排情况审批	
040	人事行政部根据总经理审批结果决定是否推进相关培训工作安排	

第三部分

管理实务中的
工作要点

第八章 企业管理问题归零诊断及改进

归零即完善，通过对企业经营全过程进行分解，按照模块开展自查、自理，当涉及经营管理的所有项目都清楚明白，就是对管理问题的归零，就能找出存在的问题，就能填充管理的真空地带，就能实现管理全覆盖，就能实现管理事项的全面归零。管理事项实现全面归零，就是完善的企业管理。

合同管理问题归零诊断及改进

合同是企业经济业务的源头，企业经济业务的第一环节就是合同的订立，在市场经济条件下，企业为实现一定的经济目的，明确相互的权利、义务关系，就要签订合同，企业的合同管理不是简单的要约、承诺、签约，而是一种全过程、全方位、科学的管理。

企业作为经济活动的主体，在市场中独立承担经营风险，合同既是从事经济活动、取得经济效益的纽带，也是产生经济纠纷的根源。企业经营中的风险有很多是在合同立项、订立和履行中发生的。通过规范合同管理，加强合同立项的审查以慎重决策，减少无利益投资；加强合同订立的管理，可以减少合同订立过程中因个人疏漏产生的风险；加强合同履行中的控制，可以保障合同利益得到更为安全的实现；加强合同的备案与存档，可以督促机构和人员更谨慎执行合同事务，并在发生经济纠纷时，提供有力证据。

标的较大的合同、风险较大的合同应当给予足够的关注；对担保合同、大额度的采购合同要设置专人重点管理。

合同管理工作的重点是要防止签订无效合同，合同无效的五种情形是：合同当事人没有履约能力；合同违反法律法规；合同违背公序良俗；合同意思表示虚假；当事人恶意串通，损害他人合法权益。企业一旦签订了无效合同，企业的经济损失一般情况下就很难挽回了。

全面完整的合同调查、签约、执行、归档、评估等过程的管控是合同合法、完整、顺利执行的保障，也是经营业务顺利开展的保障。所以在经营过程中，首要问题就是合同管理问题的归零，确保合同管理全流程零遗漏管控。

如果我们直接说合同管理，这就相当宽泛，只有运用归零思维，把合同分为合作方调查、合同谈判、合同文本制作、合同内容审核、合同签署管理、合同履行管理、合同补充、合同变更、合同解除、合同纠纷管理、合同结算、合同登记、合同归档、合同履行评估这几个模块，然后再针对每个模块所涉及的事项进行分析、分解，当所有问题都明确了，那么合同的管理工作也就完善了。

企业可以从以下几个方面进行全面梳理，当以下问题都明确了，企业的合同管理问题就得到了全面管控。

一、合同调查

合同调查的项目清单如下。

1. 在进行合同调查时，有没有调查对方的主体资格？例如，对方的身份证件、法人登记证书、资质证明、授权委托书等证明文件、企业的工商公示信息。

2. 在进行合同调查时，有没有对对方的履约能力进行调查和确认？例如，对合同履约方的财务状况、信用状况、生产经营状况进行调查。

二、合同谈判

合同谈判的项目清单如下。

1. 进行合同谈判前，是否拟订了谈判计划？

2. 合同谈判过程中，企业关注的核心内容、条款和关键细节通常有哪些？是否提前列明？

3. 合同谈判过程中，是否会聘请外部的法律、财务等专业人士参与谈判？聘请的目的是什么？有没有提前说明？

4. 在合同谈判过程中，是否有采取保密措施？保密条款有哪些？

5. 合同谈判过程中，是否有对合同谈判过程中出现的主要意见和重要建议进行记录并保存？

三、合同文本

1. 企业合同是如何拟定的？
（1）拟定负责人是何人？
（2）拟定负责部门是哪个？
（3）合同拟定的程序有哪些？
（4）注意事项有哪些？
2. 企业拟定合同通常都采取什么形式？
（1）是采取书面形式还是非书面形式？
（2）企业采用非书面形式订立合同的情况有哪些？

四、合同审核

1. 企业在合同审核中，关注的主要条款有哪些？
2. 负责企业合同审核的部门是哪个？
3. 对于重大或者专业性的合同，企业有没有专业人员对合同进行审核？
4. 企业对合同的三个不同部分（商务、技术、法务），通常是怎么进行审核的？有没有分开审核？
5. 审核人员在审核合同中发现问题的，有没有提出修改意见？
6. 对于提出的修改意见，企业是如何处理的？
7. 合同起草部门有没有根据审核人员的正确修改意见起草合同？

五、合同签署

1. 合同签署时，企业加盖何种印章？

2. 哪些人在合同中签字？

3. 签字人的权限在企业制度中有没有约定？

4. 企业是否建立合同专用章的保管制度？

5. 企业在何种情况下才会加盖合同专用章？

6. 合同签署时，是否会关注对方有无签署权利以及对方有无授权委托书的情况？

7. 企业是否考虑合同签署过程中的商业秘密保护？

8. 企业对签署后的合同是如何进行保管、归档的？

9. 若因合同约定不明且不能达成补充协议的，企业是如何确定合同内容的？

在合同签署过程中，只要我们把以上问题都考虑清楚了，合同的签署管理基本上就完善了。但是合同签署过程中的商业秘密保护，很多企业做得很不到位，最终造成巨大损失。

首先我们要知道企业的商业秘密包含哪些内容，其次要知道商业秘密的重要性，最后要知道如何在合同签订过程中进行商业秘密保护。

企业的商业秘密主要包括以下内容。

1. 技术信息。主要包括技术设计方案、技术设计样品、质量控制方法、应用试验成果、工艺流程、工业配方、化学配方、制作方法、计算机程序等。作为技术信息的商业秘密，也被称作技术秘密、专有技术、非专利技术等。

2. 经营信息。主要包括企业发展规划、市场竞争方案、经营管理诀窍、客户名单、供应商名单、生产及销售策略、财务信息、投融资计划、生产成本、定价方案、标书标底、谈判方案等。

我国反不正当竞争法首次以立法的形式确立了权利人对其商业秘密享有权利并禁止他人侵犯。对侵权人除责令其停止违法行为外，还必须赔偿权利人的财产损失或处以罚款。商业秘密作为一种无形财产权，商业秘密的权利人与有形财产所有权人一样，依法对商业秘密享有占有、使用、收益和处分的权利。我国刑法规定有侵犯商业秘密罪，在侵犯他人商业秘密情节严重或者造成严重损害的情况下，可以直接认定构成犯罪。商业秘密权利人拥有以下四种法定权力。

1. 占有权。商业秘密的占有权是指权利人对商业秘密实际上的控制与管理。

2. 使用权。使用是依照商业秘密的性质和用途对商业秘密加以利用。权利人有权依法使用自己的商业秘密，他人不得干涉。

3. 收益权。收益即收取商业秘密带来的利益。权利人有权通过自己使用或者许可他人使用获得相应的经济利益，也可以通过转让商业秘密，从受让人那里获得经济利益。权利人还可以将商业秘密作为投资，在生产经营中获得经济利益。

4. 处分权。处分是决定商业秘密事实上和法律上命运的权能。商业秘密的权利人有权处分自己的商业秘密。例如，放弃对商业秘密的占有，对商业秘密不再采取保密措施，赠予或转让商业秘密等。

核心的商业秘密对于一个企业来讲是生死攸关的。如果一个企业的商业秘密被非法窃取的话，将会遭受巨大的损失，在合同签署过程中要时刻注意保护企业的商业秘密，在合同谈判之前就要告知本企业负责合同谈判和签署的人员，注意保护企业的商业秘密。在和对方谈判过程中，对于涉及企业秘密的内容，首先要告知对方，并在合同协议中规定保密责任。

对信息提供方的商业秘密，接受方有严守机密责任，并同意：（1）商业秘密信息仅用于企业信用评价之目的；（2）只允许此次评价工作直接参与人员和专职保密员接触该商业秘密，并与这些人员签订保密协议，该协议的实质内容应与本协议相似；（3）未经提供方许可不得披露和转让其商业秘密。

企业也可以根据保密信息的级别，在合同谈判开始之前先签订保密协议，再进行合同谈判；如果涉密级别较低，可以在商务合同中增加保密条款。保密协议的主要条款有：保密信息释义、保密信息提供的目的、甲乙双方的保密义务、保密信息的返还、保密期限、违约责任、争议的解决以及其他约定。

下面是保密协议的样例，可供读者朋友参考。

保密协议

本协议由下列各方于[ ]年[ ]月[ ]日，于[ ]省[ ]市订立。

甲　方：　　　　　　　　　　乙　方：

住所地：　　　　　　　　　　住所地：

法定代表人：　　　　　　　　法定代表人：

为维护双方合法权益，甲、乙双方就×××事宜所涉保密事项达成如下协议：

第一条　释义

1.1　保密信息：本协议任何一方向对方提供的所有涉及信息提供方专有的或保密的信息，且该信息是以文字、符号、录音、录像、数据电文（包括电报、电传、传真、电子数据交换、电子邮件）等载体形式或口头形式提供。

1.2　信息提供方：指依照本协议规定向对方提供保密信息的一方当事人。

1.3　信息接受方：指依照本协议规定接受对方提供的保密信息的一方当事人。

1.4　第三方：指除甲方或乙方之外的任何第三人。

第二条　保密信息提供的目的

2.1　本协议所述之保密信息均是为实施本项目之目的而提供的。

2.2　除法律、法规的有关规定或协议双方另有约定外，保密信息的所有权归属于信息提供方，信息接受方有权为实施项目目的而使用保密信息。

第三条　甲方的保密义务

3.1　甲方保证在任何情况和条件下不向任何第三方（包括甲方与本项目无关的人员）透露乙方提供的保密信息。

3.2　甲方保证在有关本项目的信息公开前不向任何第三方（包括甲方与本项目无关的人员）透露乙方为本项目提供的保密信息和制作的相关文本材料，除非得到乙方的书面同意。

第四条　乙方的保密义务

4.1　乙方保证不向与本项目无关的第三方透露甲方及其关联企业的财务、

商务、技术等各个方面的信息，除非得到甲方的书面同意。

4.2 乙方仅能将保密信息用于与本协议规定的项目有关的事项。

4.3 乙方及其工作人员对甲方提供的保密信息承担保密的义务，只将该保密信息提供给本方负责实施或决策本项目的工作人员，不得将该保密信息透露给与本项目无关的任何人（包括乙方未参与本项目的工作人员），同时承诺不将所获得的保密信息用于与本协议规定之目的无关的任何其他用途。

4.4 未经甲方的书面同意，乙方不得将保密信息提供给任何第三方（包括乙方未参与本项目的工作人员）。

第五条 本协议双方的保密义务，不适用以下情形

5.1 非因甲方或乙方的过错造成的泄密。

5.2 信息接受方在获得信息提供方提供的保密信息以前已经了解并且没有保密义务的信息，无论该信息上是否经信息提供方标明"应予保密"或者"属于专有"，或者以其他书面方式明示需要保密。

5.3 根据法律、法规的有关规定，为实施本项目而必须对外披露的信息。

5.4 任何有管辖权的政府机关、监管机构或自律组织所要求作出的信息公开。

5.5 法院作出的要求陈明、说明或者披露保密信息的通知、命令、裁决、裁定或者判决。

5.6 事先取得对方书面同意而公开的信息。

第六条 保密信息的返还

6.1 在本协议终止或本项目完成或终止后（以后发生者为准），应信息提供方的要求，信息接受方应将保密信息所涉及的资料返还给信息提供方，但信息接受方按照有管辖权的政府机关、司法机关、监管机构或自律组织等有权机构要求必须保留的除外。

第七条 保密期限

7.1 除协议双方另有约定外，本协议的保密期限为长期。

第八条 违约责任

8.1 甲乙双方任何一方违反本协议约定，给对方造成的损失应予以赔偿，

并对影响本项目所造成的损失负责。

第九条 争议的解决

9.1 凡因本协议引起的或与本协议有关的任何争议，甲、乙双方应协商解决；协商不成，应将该争议提交签约地仲裁委员会，按照申请仲裁时该会现行有效的仲裁规则进行仲裁。仲裁裁决是终局的，对双方均有约束力。

第十条 其他事项

10.1 本协议一式二份，双方各执一份，具有同等法律效力。

六、合同履行

1. 合同履行过程中，企业是否会设置一个合同管理专员或部门来全面负责合同的履行工作？

2. 企业是否关注合同履行中各个环节的风险把控？具体的管理流程是怎么样的？

3. 合同履行后，企业对于合同履行结果是否进行登记？

4. 合同发生变化的，企业是否有对发生变化的合同进行登记？

5. 企业若在履行合同过程中发生纠纷，企业是如何处理的？

七、合同补充、变更和解除

1. 合同发生补充、变更时，企业是如何处理的？有没有进行重新一轮、全面的合同管理审查？

2. 发生因合同相对方的原因解除合同的情形，企业是如何处理的？

3. 因企业的原因而发生合同变更的，企业是如何处理的？有没有及时通知对方进行合同变更协商？还是仅口头变更合同而没有重新签订书面变更合同？

八、合同纠纷管理

1. 企业是否有建立合同纠纷管理机制或是否有相关部门来处理企业的合同纠纷？

2.企业是否有遇到合同纠纷？具体情况是怎么样的？

3.企业是否会采取避免合同纠纷的管理措施？具体的管理措施有哪些？

九、合同结算

1.企业有没有合同结算机制？进行合同结算的部门是哪个？

2.企业进行合同结算的依据是什么？有没有完全按照合同条款规定的期限、金额或方式付款？

3.企业是否发生过在没有合同依据的情况下盲目付款的情形？

4.企业是否有合同结算专门账户？在付给他人款项时，是否有严格按照约定将款项付至他人合同指定账户？

5.支付完合同款项，企业是否有相应的通知工作？或者管理系统备案工作？

十、合同登记

1.企业有没有建立合同登记、归档制度？

2.企业是否针对不同的合同进行分类管理？

3.企业若建立有合同档案，对于企业的合同档案，哪些部门或人有查阅权限？使用部门和管理部门有没有分开？

4.对于变更或修改后的合同，企业是如何处理的？有无再次登记、归档？

5.企业若存在合同登记管理，合同登记管理的流程是怎么样的？具体的工作职责是什么？

十一、合同履行评估

1.企业对履行后的合同，有没有合同评估制度？

2.若有合同评估制度，该评估主要针对哪些情况进行评估？

3.若企业有对合同履行情况进行评估的，评估部门或评估人员的具体职责范围有哪些？

固定资产管理问题归零诊断及改进

加强企业的固定资产管理，对于保证固定资产安全完整，提高企业的生产能力，推动技术进步，提高企业经济效益，有着重要的意义。

长期以来，固定资产管理都是企业管理中较为薄弱、容易忽视的地方，管理上往往是重钱轻物，降低了资产的使用效率，造成了资产闲置。

通过建章立制来规范固定资产管理工作，明确财务部门、资产管理部门、资产使用部门在固定资产管理过程中各自的职责，规定各部门必须配备专人负责固定资产管理工作，把责任落实到个人。

全面、完善的资产管理是保证资产安全、最大限度地发挥资产效益的基础，在资产管理中应无遗漏、无死角，全面科学地管理企业资产，实现企业全面资产、全面管理，不论是在空间上还是时间上都要做到全面覆盖，实现资产管理归零。

企业可以按照以下几个方面进行逐项落实，当企业全面分析并落实了以下事项，企业的资产管理问题就得到了全面管控。

一、房屋建筑物管理

1. 企业拥有房屋所有权的情况

（1）企业生产经营过程中所用到的或计划用到的房屋有哪些？

（2）企业是否拥有上述房屋的所有权？

（3）企业若拥有相关房屋的所有权，该房屋是否存在权属纠纷或潜在的权属纠纷？

（4）企业若拥有相关房屋的所有权，该房屋是否设置有抵押？设置抵押的原因是什么？抵押权人是谁？抵押期限多久？

2. 企业正在办理相关房屋所有权的情况

（1）若企业目前虽未拥有相关的房屋所有权，但相关房屋所有权证书正在办理之中，对于上述房屋，企业是通过何种方式获得？

（2）上述房屋的款项是否已经支付完毕？

（3）企业在办理房屋相关产权过程中，是否可能存在纠纷或诉讼？

3. 企业未拥有，也未办理相关房屋产权的情况

（1）企业在生产经营过程中，是否有租赁他人房屋的情况？是否已经签订了《租赁合同》？出租方是谁？租赁期限多长？租赁价款如何支付？租赁发票是否开具？

（2）企业生产经营过程中所使用的房屋，是否有无偿使用他人房屋的情况？若有，具体情况是怎样的？

二、生产设备管理

（一）企业拥有所有权的生产设备

（1）与企业正常生产经营相关且企业拥有所有权的生产设备有哪些？有没有设备清单？有没有在管理系统录入并进行管理？

（2）这些生产设备是通过什么方式获得的，是自主研发还是购买的？有没有相应的购买凭证？

（3）企业是否存在将上述的生产设备进行抵押的情况？

（二）企业拥有使用权但无所有权的生产设备

（1）企业拥有使用权但无所有权的生产设备有哪些？

（2）企业是通过什么方式取得这些生产设备的使用权？比如，租赁或者融资租赁。

（3）企业若通过租赁取得生产设备的使用权，有没有签订《租赁协议》？租赁期限多久？租金如何支付？租赁发票有没有取得？

（4）企业若通过融资租赁取得生产设备的，有没有签订《融资租赁合同》？租赁期多久？租金如何支付？

三、固定资产核算管理

1. 固定资产确认标准是否统一，是如何确认的？

2. 固定资产是否进行分类？若有，分为哪几类？

3. 企业外购固定资产的成本包括哪些内容？

4. 企业是否存在投资者投入的固定资产？若存在，对于其入账价值如何判定？

5. 企业是否有对所有需要提折旧的固定资产计提折旧？

6. 固定资产的折旧年限分别是按照多少年进行折旧？

7. 同类别的固定资产折旧年限是否统一？

8. 对于当月增加或是当月减少的固定资产，折旧的计提是否符合相关要求？

9. 企业是否存在已达到预定可使用状态但尚未办理竣工决算的固定资产，若存在，企业对于其暂估价值与实际成本如何处理，折旧如何调整？

10. 企业是否于每年年度终了，对固定资产的使用寿命、预计净残值和折旧方法进行复核？

11. 企业对于固定资产的处置，主要包括哪几类（出售、转让、报废等）？

12. 企业对于固定资产的处置，是否通过"固定资产清理"科目进行账务处理？

13. 在固定资产处置时，对于发生的清理费用、出售收入和残料、保险赔偿、清理净损益的账务是如何处理的？

14. 企业是否对固定资产进行盘点？频率如何？

15. 固定资产盘点过程中遇到账面与实物不符的情况时，是否调查原因，必要时做相应的账务调整？

16. 对于盘亏的固定资产，企业如何进行核算？

17. 对于盘盈的固定资产，企业如何进行核算？

无形资产管理问题归零诊断及改进

无形资产是企业拥有的全部非物质性资产，无形资产是构成了企业的核心竞争力的主要内容，有的企业管理层往往会忽视无形资产，很少进行评估或管理。无形资产主要是指企业拥有的"软性"资产，包括企业持有的专利、软件、品牌、商标、标识、特许经销权、科研开发资源、创意、专门知识与客户关系等。

企业无形资产是其生产经营活动的重要因素之一，如何有效地发挥无形资产的作用，成为一个企业经营管理水平的试金石。重视企业无形资产的开发与管理，有效地经营无形资产，是企业管理发展的基本趋势。企业进行无形资产经营管理，就是要求通过对其所拥有的专利权、商标权、著作权、土地使用权、商誉等各类无形资产进行运筹和谋划，使其实现价值的最大增值。

无形资产管理的重点工作是建立无形资产的量化评估系统，并充分开发利用无形资产，实现无形资产价值最大化。需要企业对无形资产做到足够重视，并强化管理，防止无形资产被窃取、被侵占等情况发生。

无形资产管理的难点是无形资产的保护，虽然国家在无形资产保护方面有比较完善的立法，但是无形资产保护方面的法律纠纷一直非常之多，所以企业一定要强化无形资产的保护意识，从企业管理的各个环节入手，进行严格控制。

企业可以运用归零思维，开展管理问题归零诊断，对企业无形资产的管理、使用和保护情况进行详细的梳理和分析，具体要分析的内容如下，当企业明确了如下问题，并对如下问题所揭示的管理盲点进行补充，企业的无形资产管理就基本规范了。

一、土地使用权管理

1. 企业拥有《土地使用权证》的情况

（1）企业生产经营过程中所用到的或计划用到的土地有哪些？企业是否拥有上述土地的《土地使用权证书》？

（2）企业若拥有相关土地的使用权证书，该土地是否存在权属纠纷或潜在的权属纠纷？

（3）企业若拥有相关土地的使用权证书，该土地是否设置有抵押？设置抵押的原因是什么？抵押权人是谁？抵押期限多久？

2. 企业正在办理《土地使用权证》的情况

（1）若企业目前虽未拥有相关土地的使用权证，但相关土地使用权证书企业正在办理之中，上述土地企业是通过何种方式获得？是通过划拨的方式还是出让的方式?

（2）上述土地的土地出让款是否已经支付完毕？支付方是谁？

3. 企业未拥有，也未正在办理土地使用权证书的情况

（1）企业在生产经营过程中，是否有租赁他人土地的情况？出租方是谁？租赁期限多长？租赁价款如何支付？

（2）企业生产经营过程中所使用的土地，是否有无偿使用他人土地的情况？若有，具体情况是怎样的？

二、商标管理

1. 企业目前正在使用或者计划使用的商标有哪些？这些商标是否已经成功注册？所有权人是谁？

2. 企业目前正在使用或计划使用的商标是否有设置质押的情形？若有，具体情况是怎么样的？

3. 企业是否存在因商标而产生的纠纷或诉讼？具体情形是怎么样的？

4. 企业的注册商标是否存在期满没有续展的情形？

5. 企业是否存在使用他人注册商标的情形，使用行为是否得到注册商标所有权人的许可？是否有签订相关书面合同？是否需要支付相应的使用费用？

三、发明专利管理

1. 企业现有哪些发明专利？

2. 企业是否存在使用他人发明专利的情形，有无与发明专利权利人订立《实施许可合同》，有无向发明专利权利人支付专利使用费？

3. 企业是否每年按照要求缴纳发明专利年费？

4. 企业是否存在因发明专利而存在的纠纷或诉讼？具体情形是怎么样的？

四、实用新型专利管理

1. 企业现有哪些实用新型专利？

2. 企业是否存在使用他人实用新型专利的情形，有无与实用新型专利权利人订立《实施许可合同》，有无向实用新型专利权利人支付专利使用费？

3.企业是否每年按照要求缴纳实用新型专利年费？

4.企业是否存在因实用新型专利而发生的纠纷或诉讼？具体情形是怎么样的？

五、外观设计专利管理

1.企业现有哪些外观设计专利？所有权人是谁？

2.企业是否存在使用他人外观设计专利的情形，有无与外观设计专利权利人订立《实施许可合同》，有无向外观设计专利权利人支付使用费？

3.企业是否每年按照要求缴纳外观设计专利年费？

4.企业是否存在因外观设计专利而产生的纠纷或诉讼？具体情形是怎么样的？

六、著作权管理

1.企业名下是否有著作权？都有哪些著作权？名称是什么？

2.企业是否存在与他人合作创作的作品？具体情形是怎么样的？

3.企业是否存在使用他人著作权的情形？有没有签订相关的《许可使用合同》？

4.企业是否存在因著作权产生的纠纷或诉讼？具体情形是怎么样的？

七、专有技术管理

1.企业是否有专有技术？

2.企业是否存在个人技术拿到企业使用，且该个人技术相当于企业的专有技术的情形？

3.企业是否存在因专有技术而产生的诉讼或纠纷？具体情形是怎么样的？

八、无形资产核算

1.企业的无形资产包括哪些内容？

2. 外购的无形资产成本包括哪些内容?

3. 外购的无形资产成本中是否包括了购买价款、相关税费以及直接归属于使该项资产达到预定用途所发生的其他支出?

4. 企业是否存在购买的无形资产价款超过正常信用条件延期支付的、实质上具有融资性质的情况?

5. 若存在上述四种情况,企业无形资产的入账价值是否以购买价款的现值为基础确定?

6. 对于企业内部研究开发项目的支出是否分为研究阶段支出以及开发阶段支出?

7. 对于企业内部研究开发的项目在研究阶段的支出是否费用化,计入管理费用?

8. 对于企业内部研究开发的项目在开发阶段的支出是否以满足符合资本化条件为依据分别进行账务处理?

9. 对于企业各类无形资产,摊销年限是如何规定的?

10. 对于无形资产的处置,企业是否将取得的价款与该无形资产账面价值的差额计入当期损益?

存货管理问题归零诊断及改进

存货作为企业的一项重要资产,存货管理水平是衡量企业是否具有竞争优势的重要标准。因此,加强存货的核算与管理,对提高企业管理水平,加快资金周转,降低生产成本,增加企业经济效益,防止违纪违规等都具有十分重要的意义。

存货作为企业生产经营的重要组成部分,贯穿于企业生产经营的各个环节,不仅占用的资金大,而且品种繁多。存货是企业一项重要的流动资产,包括库存商品、原材料、低值易耗品、周转材料、在产品、产成品等。存货成本的下降直接可以转化为企业的利润,存货管理水平的提高,可以增强企业的市场竞争力。

企业生产经营的目的是创造利润，以最小的投入获得最大的产出，也就是效益的最大化。存货是企业的重要资产，其管理水平直接关系到企业的资金占用水平，以及资产运作水平，是企业管理中不可忽视的一部分。

企业在存货管理方面存在的问题主要有：存货管理制度不健全、工作程序不规范、内部控制不完善、存货管理信息化未能有效开展等。为加强企业存货管理，降低企业的存货成本，提升核心竞争力，企业必须加强存货的管理和控制。首先要完善存货管理制度；其次要建立行之有效的内部控制体系，保证对存货的变动和处理均经过授权，保证账面数量与实存数量定期核对相符；最后要建立岗位责任控制制度，明确相关部门和岗位的职责权限，确保存货业务的不相容岗位相互分离、相互制约和监督。

为了规范企业存货管理，企业需要运用归零思维，开展存货问题的归零诊断，根据诊断发现的问题，进行改进和提升。

一、存货管理流程

1.企业是否明确了存货取得、验收入库、仓储保管、领用发出、盘点处置等各环节的相关管理办法或制度？

2.对于存货的管理，企业是否购买了存货管理软件进行管理？例如，ERP系统或其他？

二、存货管理岗位责任

1.企业是否建立存货管理岗位责任制？

2.企业内部除存货管理部门及仓储人员外，其余部门或人员接触存货时，是否经过授权审批？

3.下列岗位是否分离？

（1）存货的请购与审批，审批与执行。

（2）存货的采购与验收、付款。

（3）存货的保管与相关会计记录。

（4）存货发出的申请与审批，申请与会计记录。

（5）存货处置的申请与审批，申请与会计记录。

三、存货验收程序

1. 对于存货的验收程序及验收方法，企业是否建立制度进行统一规范？

2. 对于入库存货的质量、数量、技术规格等方面是否全面检查？

3. 对于外购存货的验收，是否将合同、发票等原始单据与存货的数量、质量、规格等核对一致后才入库？

4. 对于自制存货的验收，是否重点关注产品质量，通过检验合格的半成品、产成品怎样才能办理入库手续？

5. 对于不合格品是否及时查明原因、落实责任、报告处理？

6. 对于其他方式取得存货的验收，是否重点关注存货来源、质量状况、实际价值并与有关合同或协议的约定核对一致？

四、存货保管问题

1. 企业是否制定了存货保管制度？

2. 若企业制定了存货保管制度，企业管理层是否按其执行？

3. 存货在不同仓库之间流动时，是否办理出入库手续？

4. 企业对于不同批次、型号和用途的产品，是否分类存放？

5. 企业对代管、代销、暂存、受托加工的存货，是否单独存放和记录？

6. 企业是否对存货进行投保？

7. 仓储部门是否对库存物料和产品进行每日巡查或定期抽检？

8. 若发现毁损、存在跌价迹象的，是否及时与生产、采购、财务等相关部门沟通？

9. 对于进入仓库的人员是否办理进出登记手续？

10. 是否规定未经授权的人员不得接触存货？

五、存货发出和领用管理

1. 企业是否制定了存货领用发出制度？

2. 企业是否存在未明确存货发出和领用的审批权限？

3. 仓储部门是否存在按照未经审批的销售（出库）通知单发货？

4. 企业是否存在未规定企业各部门每期允许提取存货的数量的限制？

5. 企业是否存在没有正规的领用单据，货已发出，而财务方面未作出相应的会计处理的情况？

6. 仓储部门是否核对经过审核的领料单或发货通知单的内容，做到单据齐全，名称、规格、计量单位准确？

六、存货统计及盘点管理

1. 企业是否对通常情况下的库存量进行统计？

2. 若企业对通常情况下的库存量进行了统计，那么是如何统计的？统计结果的依据是什么？

3. 企业是否存在库存过高或库存不足的情况？

4. 企业是否建立盘点清查制度？

5. 企业是否定期对存货进行盘点？若有，周期有多长？

6. 盘点清查过程中，出现账实不符的情况，企业相关人员是如何处理的？是否查找原因，必要时进行账务调整？

7. 对于盘点清查结果是否及时编制盘点表，形成书面报告，包括盘点人员、时间、地点、实际盘点的存货名称、品种、数量、存放情况以及盘点过程中发现的账实不符情况等内容？

七、存货账务核算问题

1. 企业的存货是否进行了分类？

2. 对于存货的采购成本包括哪些内容？

3. 对于存货的加工成本是否包括了直接人工以及按照一定方法分配的制造费用？

4. 企业是否存在投资者投入的存货？若存在，该部分存货的入账价值如何判定？

5. 企业发出存货采用哪种方法计价？

6. 对于低值易耗品的摊销，企业采用哪种方法？是一次转销法、五五摊销法还是其他的方法？

7. 企业的存货是否存在跌价的可能？若有，是否计提了跌价准备？如何计提跌价准备？

8. 对于盘盈的存货，企业是否按其重置成本作为入账价值，并通过"待处理财产损溢"科目进行会计处理，按管理权限报经批准后冲减当期管理费用？

9. 对于企业存货发生的盘亏或毁损，是否作为待处理财产损溢进行核算。并且按管理权限报经批准后，根据造成存货盘亏或毁损的原因，分别进行处理？

采购管理问题归零诊断及改进

采购是企业生产经营活动的重要组成部分，它不仅影响到企业正常的经营活动，而且对提高企业竞争能力，降低经营风险以及对企业的各项经济指标的实现都具有极其重要的作用。

实践证明，企业采购模式（系统）的科学性和先进性是决定企业生存的关键因素。随着市场竞争的日趋激烈，为扩大市场占有率，保持商品价格优势，企业对采购的要求越来越高。重点表现在：先进生产方式的应用，要求采购活动更好地适应企业的经营方式，满足经营活动不断调整的需要，采购的及时性越来越重要；在价格竞争日益激烈的情况下，企业对降低采购成本提出了更高的要求，采购成本问题也就越来越引起重视；市场的开放使地域概念消除，及时准确的信息成为采购的重要源泉。

企业采购工作的管理难点主要有：采购过程过于依赖手工作业，采购行为无法形成统一的管理程序；同供应商的关系没有客观的衡量标准；采购方式单一，传统采购难以实现根据不同的商品采用不同的采购方式；采购流程与开销不合理。采购流程层层审批，过于烦琐，采购信息不共享，经常存在独立采购和未经批准采购的现象，采购过程不透明，人为因素难以排除，从而导致采购效率低下；采购数据难以汇总分析，不利于预测和控制采购中突发问题，不利于安全库存的控制。

采购管理的重点是流程与责任细分、严格挑选采购人员、严格控制采购过程及采购品质。

1. 在流程与责任细分方面，要做到下达采购计划、市场调查、选择供应商与合同草签、合同审批、货物验收、品质检验等不同环节由不同的部门或者岗位承担，形成内部监督和控制体系，每个部门或岗位承担不同的管理责任。

2. 在挑选采购人员方面，要将采购人员的任用权控制在企业层面。用人单位可以提报人选，但最终是否选用，由企业负责人决定。

3. 严格控制采购过程，要将采购活动按流程进行细分，明确各个环节的管控要点，所有市场调查、合同谈判等信息资料都必须按规定上报存档。除了货物验收、品质检验、生产反馈在时时监督采购活动成果之外，还要另设监察审计部门进行重点监控。

4. 建立采购人员绩效考核，将采购过程执行情况、采购到货及时性、货品质量合格率情况与采购人员工资挂钩。

采购是一项复杂、重要且涉及面广的工作，采购管理人员只有不断地发现工作中出现的问题，抓住核心点，才能不断地优化管理制度和流程，提高采购工作的效率。

关于采购管理问题的归零诊断，可以从以下几个方面入手，根据诊断发现的问题进行改进，并补充完善企业的管理制度。

一、采购权限及岗位设置问题

1. 企业拥有采购权限的人是谁？
2. 是否采用集中采购的方式进行采购？
3. 企业是否制定了采购业务人员定期进行岗位轮换的规定？如有，是如何规定的？
4. 企业是否建立采购业务岗位责任制度？
5. 在办理下列业务时，是否确保办理采购业务的不相容岗位相互分离？

（1）请购与审批。

（2）供应商选择与审批。

（3）采购合同协议的拟定、审核与审批。

（4）采购、验收与相关记录。

二、采购申请及采购计划问题

1. 企业是否建立了采购申请制度？

2. 相应的请购与审批的程序是如何规定的？

3. 企业是否根据实际需要设置专门的请购部门，对需求部门提出的采购需求进行审核，并进行归类汇总，统筹安排采购计划？

4. 企业的采购计划的依据是什么？

5. 企业采购计划的安排者以及审批人是谁？

6. 对于超预算的采购项目，具备请购权的部门如何处理？是否进行预算调整程序，并由具备相应审批权限的部门或人员审批后，再行办理请购手续？

三、供应商评估管理

1. 企业供应商选择的依据是什么？

2. 是否建立供应商评估与准入制度？

3. 企业对供应商的资质信誉情况的真实性和合法性是否进行审查？

4. 企业新增的供应商，是否经采购部门提出申请，通过审核以及批准？

5. 企业是否建立了供应商淘汰制度？

6. 对于提供物资或劳务的质量、价格、交货及时性、供货条件及其资信、经营状况等不良情况的供应商如何处理？

7. 企业由谁审批即将淘汰的供应商名单？

四、采购方式方面问题

1. 采购方式

（1）企业采购物资的依据是什么？

（2）企业采用哪种方法进行物资的采购（大宗采购、询价采购、定价采购、直接购买等）？

（3）企业对于大宗采购是否采用招标方式进行？

（4）企业招投标的范围、标准、实施程序以及评标规则是如何规定的？

2. 物资定价机制

（1）企业对于物资的价格是如何设定的？是否采取协议采购、招标采购、询比价采购等多种方式合理确定采购价格？

（2）对于企业的大宗采购采取哪种方式确定采购价格？是否采取招标方式确定采购价格？

（3）对于大宗采购以外的其他商品或劳务的采购，企业如何定价？企业是否根据市场行情制定最高采购限价，并对最高采购限价适时调整？

3. 协议或合同

（1）采购合同由谁拟定？审批人是谁？

（2）合同的拟定者和执行者是否职责分离？

（3）合同中包含哪些内容？是否明确双方权利、义务和违约责任？

五、采购验收问题

1. 企业有无制定明确的验收标准？

2. 验收人员是否将采购合同、发票等原始单据与采购物资的数量、质量、规格型号等核对一致后入库？

3. 对于验收合同的物资，是否填制入库单？

4. 对于验收时涉及技术性强的、大宗的和新、特物资，是否进行专业测试，或委托具有检验资质的机构或聘请外部专家协助进行验收？

5. 对于验收过程中出现的异常情况企业如何处理？验收机构或人员是否立即向企业有权管理的相关机构报告，相关机构是否查明原因并及时处理？例如，无采购合同或大额超采购合同的物资、超采购预算采购的物资、毁损的物资等。

六、采购供应过程管理

1. 企业是否建立了采购合同跟踪制度？

2. 企业若建立了采购合同跟踪制度，是否根据采购合同中确定的主要条款跟踪合同履行情况？

3. 对有可能影响生产或工程进度的异常情况，企业是否出具书面报告并及时提出解决方案？

4. 采购过程中的运输方式及运输工具的内容是什么？

5. 企业是否办理运输、投保等事宜？

6. 对于重要物资，企业是否建立并执行合同履约过程中的巡视、点检和监造制度？

7. 对需要监造的物资，企业是否择优确定监造单位，签订监造合同，落实监造责任人，审核确认监造大纲，审定监造报告，并及时向技术等部门通报？

成本费用管理问题归零诊断及改进

企业在经营管理期间，应当制定适宜的成本控制目标，同时制定科学的管理措施与方法。企业在开展成本管理工作时，必须严格遵循成本管理方案的内容，实现全过程的管理，以此增加企业的利润点、提升经济核算的精准度、优化企业经营管理模式、提升管理效率与效益。

在成本管理工作中，应当基于生产营销模式，对不同成本项目进行核算与控制，并将其作为生产经营管理活动的重点。企业成本管理包括成本计划、成本预测、成本控制等多个环节，体现的是全过程成本管理。因此，在制定成本管理内容时，会涉及成本预测、决策、计划，同时包含变动成本和责任成本。

企业成本费用控制难点主要有以下几种。

1. 流程控制

企业生产运营会涉及多个活动，如采购、生产与销售等，不同环节均会加大成本费用支出。由于企业岗位分工、业务流程的复杂性非常强，且成本费用控制会涉及岗位分离、成本核算、执行控制与预算控制等内容，如果缺乏制度化管理与执行，就会严重影响成本防控效果。因此，要注重控制流程节点，对不同流程节点进行规范化管控。

2. 标准控制

企业在控制成本费用时，如果没有建立标准体系和制度规范，就无法形成统一的管理标准，极易出现管理混乱问题，还会增加企业资源浪费，使生产能耗与生产成本高居不下，导致企业生产经营效率低下。

3. 人员控制

企业为了提升成本费用的控制效果，必须确保相关人员有效执行各类措施和规定，科学编制成本费用计划，注重审批计划可行性与内容，全面落实和执行成本费用支出，严格考核和控制成本费用支出。

企业成本管理存在的问题主要有以下几种。

1. 成本管理主体模糊

企业在开展生产经营活动时，多数员工将成本管理归为财务层与决策层的工作范畴，认为应当由领导层和财务部门全权负责，而生产车间与班组仅仅负责产品生产与加工制造。

2. 成本管理范围狭窄

大部分企业注重管理和控制生产成本，但是企业所制造的产品，会涉及原材料费用、人工费用和生产费用，同时会牵扯到产品价格标准与价格差异，存在多种影响因素，管理问题比较多。

3. 缺乏合理的成本管理模式，成本控制力度不足

为了全面系统地规范公司成本费用管理，企业需要对成本管理方面存在的问题进行归零诊断，根据诊断结果制定管控措施，并严格执行，企业的成本就能有效降低。以下是开展归零诊断要明确并改善的问题。

一、成本核算问题

1. 企业生产的产品种类有哪些？

2. 企业的成本核算方法是怎样的？是品种法核算、分批法核算还是分步法核算？

3. 企业核算的成本种类有哪些，比如，生产成本、主营业务成本和其他业务成本？

4. 企业将产品销售出去后，是否能够及时将生产成本结转至主营业务成本中？

5. 企业是否存在其他业务成本？若有，核算的内容包括哪些？

6. 企业生产成本核算是否有流程控制？是否具有明确的制度规范对成本核算进行管控？若有，该制度是否能够有效执行？

二、生产成本核算的内容

1. 企业核算的生产成本的内容有哪些？比如，直接材料、直接人工、燃料和动力、制造费用等。

2. 企业所生产的每一种产品消耗的直接材料包括哪些？

3. 与生产产品相关的辅助材料，企业是如何核算的？是否计入直接材料中？

4. 企业对于每一种产品所耗用材料是如何计入该种产品中的？是按照实际消耗数量计算还是定额数量核算？

5. 企业核算的直接人工包括哪些内容？企业的职工福利费、社会保险、奖金、津贴和补贴、住房公积金等是否含在直接人工计算内？

6. 企业是否存在直接人工的分摊？具体分摊方法是怎样的？

7. 企业是否对制造费用进行归集核算？核算的内容包括哪些？

8. 企业是否将制造费用在产品中进行分摊？分摊的方法是怎样的？依据是什么？

9. 企业是否存在辅助车间为企业生产产品提供服务？如果有，企业是否对辅助车间的成本进行归集核算并分配到产品成本中去？分配的方法是怎样的？

三、生产成本核算相关单据

1. 企业与生产成本相关的单据有哪些？如领料单、工资薪酬表、制造费用分配表等？

2. 企业上述与生产成本相关的单据包含的要素是否齐全？比如，领料单中包括对应订单号、对应产品名称、领用物料名称、规格型号、领用数量、领料日期、生产人员签字、仓库人员签字等。

3. 上述相关单据的填写是否规范？是否有相关人员签章？

4. 企业成本单据在传递的过程中，是否有时间要求？企业是否有相关制度性规定？若有，是否能够有效执行？

四、费用核算内容

1. 企业核算的费用包括哪些？是否包含销售费用、管理费用和财务费用？

2. 企业对于费用的归类是否有明确的归类标准，并形成相关制度？若有，该制度是否能够有效执行？

3. 企业对于费用报销的管控是否具有明确的要求，并形成相关制度？若有，该制度是否能够有效执行？

4. 企业管理费用科目核算的内容包括哪些？

5. 企业的生产车间（部门）和行政管理部门等发生的固定资产修理费用等后续支出，是否在管理费用科目核算？

6. 企业销售费用科目核算的内容包括哪些？

7. 企业发生的与专设销售机构相关的固定资产修理费等后续支出是否在销售费用科目核算？

8. 企业财务费用科目核算的内容包括哪些？

五、费用核算相关单据

1. 与管理费用核算相关的单据有哪些？企业是否对其真实性、完整性、规范性进行审核？

2. 与销售费用核算相关的单据有哪些？企业是否对其真实性、完整性、规范性进行审核？

3. 与财务费用核算相关的单据有哪些？企业是否对其真实性、完整性、规范性进行审核？

4. 与管理费用、销售费用和财务费用相关的单据是否能够及时传递？是否有传递时间要求?

六、政府补助核算

1. 企业是否享受政府补助?政府补助的内容是什么?

2. 政府补助的收入如何确认?是一次性计入当期损益还是递延到以后年度分期确认?

七、长期股权投资核算

1. 企业是否存在长期股权投资?

2. 企业持有被投资单位百分之多少的股权?

3. 企业采用成本法还是权益法进行长期股权投资的计量?

4. 企业长期股权投资的计量是否符合准则要求?

八、计提项目核算

1. 企业的应收账款是否存在收不回来的风险,若存在,是否计提了坏账准备?

2. 如何计提坏账准备?

3. 企业若当年盈利,是否根据规定,即 10% 的计提比例提取法定盈余公积?

4. 企业在编制报表时,是否将应收账款与预收账款,应付账款与预付账款分开列示?

九、账务处理程序制度问题

1. 企业是否建立了账务处理程序相关制度?

2. 该相关制度中是否规定会计科目及明细科目的设置和使用的内容?

3. 该相关制度中是否规定了会计凭证格式设置的内容?

4. 该相关制度中是否规定了会计凭证审核人、审核要求的内容?

5. 该相关制度中是否规定了会计凭证传递的内容?

6. 该相关制度中是否规定了会计核算方法的内容？

7. 该相关制度中是否规定了会计账簿设置的内容？

8. 该相关制度中是否规定了会计报表编制的内容？

十、内部牵制制度问题

1. 企业是否建立了内部牵制相关制度？

2. 该相关制度中是否规定了内部牵制制度的原则，即机构分离、职务分离、钱账分离、物账分离等？

3. 该相关制度中是否规定了对出纳等岗位的职责和限制性规定？

4. 该相关制度中是否规定了有关部门或领导对限制性岗位的定期检查办法？

十一、内部稽核制度问题

1. 企业是否建立了稽核相关制度？

2. 该相关制度中是否规定了稽核工作的具体分工内容？

3. 该相关制度中是否规定了稽核工作的职责和权限的内容？

4. 该相关制度中是否规定了审核会计凭证、复核会计账簿、会计报表的方法的内容？

十二、原始记录管理制度问题

1. 企业是否建立了原始记录管理相关制度？

2. 该相关制度中是否规定了原始记录格式要求的内容？

3. 该相关制度中是否规定了原始记录审核的内容？

4. 该相关制度中是否规定了原始记录填制人和审核人的责任内容？

5. 该相关制度中是否规定了原始记录传递的内容？

十三、定额管理制度问题

1. 企业是否建立了定额管理相关制度？

2. 该相关制度中是否规定了定额管理范围，如工时定额、物资消耗定额、成本费用定额、人员定额、用工定额等？

3. 该相关制度中是否规定了制定和修订定额的依据、方法、程序？

4. 该相关制度中是否明确定额的执行、考核、奖惩的具体办法？

十四、计量验收制度问题

1. 企业是否建立了计量验收相关制度？

2. 该相关制度中是否规定了计量验收方法的内容？

3. 该相关制度中是否规定了计量验收管理要求的内容？

十五、财务收支审批制度问题

1. 企业是否建立了财务收支审批相关制度？

2. 该相关制度中是否规定了财务收支审批人员和审批权限如何设置的内容？

3. 该相关制度中是否规定了财务收支审批人员的责任的内容？

4. 该相关制度中是否规定了财务收支审批程序的内容？

十六、成本核算制度问题

1. 企业是否建立了成本核算相关制度？

2. 该相关制度中是否规定了成本核算的对象的内容？

3. 该相关制度中是否规定了成本核算的方法的内容？

十七、成本费用管理问题的改进措施：

1. 设置成本管理机构，建立独立的成本管理部门，部门人员必须深入掌握财务流程，了解整个生产流程，加大产品成本的事前控制力度。

2. 扩展成本管理范围，企业应当适当扩展成本管理范围。加大产品工艺设计的成本管理力度。不仅要关注产品制造过程的成本管理，还应当深入分析前期开发与设计环节所产生的成本问题。注重扩展成本管理范围，将其纳入产品市场诉求、产品研发、发展形势分析中。

3. 选择适宜的成本管理模式。为了提升成本管理效果，必须全面预测成本支出，选择适合的成本决策内容编制计划方案，同时汲取先进的成本管理模式特点，制定适宜企业发展的成本管理模式。

4. 强化管理者、基层员工的成本意识，企业为了确保内部员工均具备成本管理意识，应当全面落实成本指标。企业应将不同工段和科室成本与绩效考核挂钩。

5. 加大成本管理力度。大力宣传成本控制，确保将成本管理工作落实到具体岗位上，让所有员工都必须按照成本控制制度开展操作，从根本上加大成本控制与管理力度。

6. 实行定额管理。建立统一化标准管理体系，全面改进企业存在的不规范经济行为，避免出现资源耗费与成本开支的随意性问题。费用报销应当实行"先预算后执行"流程，当没有预算开支时，则不能支出；当大于定额标准时，也不能支出。

7. 注重考核评价。企业应当建立严格的考核体系，对各项成本支出行为进行约束。全面落实考核方式，将执行差异化纳入绩效考核内容中，强化不同部门的管理职责，详细罗列出考核指标，便于寻找出薄弱预算管理内容，同时采取科学有效的措施进行奖惩。

8. 注重监督反馈。注重监督和检查成本费用，优化成本费用控制体系，确保运行流程的通畅性，明确分级责任制。

销售管理问题归零诊断及改进

销售管理是为了企业的产品销售工作能有序进行而开展的销售方案设计、销售计划制订、销售过程执行、销售结果监控等一系列的管理工作。销售管理工作必须与企业的产品开发、生产、销售、财务等工作环节协调。只有这样，企业的整体经营目标才能够得以达成，企业的总体经营策略才能够得以有效的贯彻落实。

营销管理是在企业的经营目标、经营计划的总体战略之下，根据对经营环境的分析结果，对市场进行细分，选定希望进入的目标市场，然后据此而制订销售计划和执行措施，并对执行计划的过程进行监督控制、评估、检讨和修订的系统工作。

销售管理是计划、执行及控制企业的销售活动，以达到企业的销售目标，管理的难点是企业目标的达成。管理的重点是制定和执行企业的销售策略。

为了建设系统有效的销售管理体系，企业就要对销售管理各个方面进行详细的问题诊断，根据存在的问题完善管理体系，制定措施目标，建立制度流程，抓好落实跟踪。具体要诊断的问题如下：

一、销售体系及岗位设置问题

1. 企业是否设置了完善的销售管理体系？

2. 企业是否设置了完善的销售管理架构？是否设置了客服部门、物资运输部门、售后服务部门？

3. 企业是否设置了完善的销售责任制？

4. 企业是否设置了完善的销售流程？

5. 企业是否设置了完善的销售定价体系？

6. 企业是否设置了完善的销售费用管理及控制体系？

7. 销售系统各部门是否有明确的部门职责？各部门是否有明确的销售业务经办流程？

二、销售管理制度建设问题

1. 企业是否建立了销售管理制度？制度是否得到了有效执行？

2. 企业是否建立了销售目标分解、销售费用管理、销售货款回收、销售客户维护等方面的具体管理办法？管理办法是否有效执行？

3. 企业是否建立了产品定价和对外报价管理制度，企业的产品价格体系是怎样的？能否得到有效执行？

4. 企业是否建立了销售订单接收、下达、生产、交付、收款、对账等方面的业务管理制度？制度的执行情况如何？

5. 企业是否建立了销售合同谈判、签订、执行等相关的销售合同管理制度？制度能否有效执行？

三、营销日常管理问题

1. 市场调研、目标市场分析、竞争对手分析工作是怎样开展的？
2. 新产品的市场调研、市场开发工作是怎样开展的？
3. 老客户维护工作是怎样开展的？新客户开发工作是怎样开展的？
4. 月度销售目标是怎样制定、分解及实施的？
5. 销售业绩目标的达成是怎样跟进的？怎样考核的？
6. 是否定期对客户进行回访并形成分析报告反馈到企业相关部门？
7. 销售数据收集、汇总及分析工作是怎样开展的？
8. 销售费用是怎样管理的？日常的费用是怎样报销的？
9. 品牌建设及维护工作是怎样开展的？
10. 销售部门人员的月、周工作计划是怎样制订及监督执行的？
11. 销售订单的编制及下达是怎样规定的？
12. 企业的客服是怎样管理的？客服的工作内容包含哪些？
13. 客户投诉工作是怎样管理的？客户投诉工作的处理程序是怎样的？有没有客户投诉工作管理制度和流程？
14. 销售合同签订及管理工作是怎样执行的？
15. 销售订单是怎样管理、跟踪的？
16. 应收货款是怎样催收的？
17. 销售物流是怎样管理的？是否有完善的物流管理制度和程序？
18. 客户档案的建设工作和维护工作是怎样开展的？
19. 销售团队建设工作是怎样开展的？
20. 销售团队日常的劳动纪律是怎样管理的？
21. 有没有日常行为规范（比如，仪容仪表、办公环境、接待礼仪）？

四、销售管理的基本过程

1. 制定销售计划及相应的销售策略。

2. 建立销售组织并对销售人员进行培训。

3. 制定销售人员的个人销售指标,将销售计划转化为销售业绩。

4. 对销售计划的成效及销售人员的工作表现进行评估。

五、销售管理规范的关键点

1. 所有的业务往来都以合同为基础(特殊零售除外)。

2. 没有合同不得编制销售订单。

3. 所有销售订单必须是书面的,不能用非书面形式提报销售订单。

4. 增加新客户必须完善客户档案。

5. 下达发货单必须确认客户欠款、余款情况。

6. 收货后必须有收货回执反馈到企业。

7. 每年需与所有客户至少对账一次,出具对账单。

其他方面问题归零诊断及改进

一、收入核算问题

1. 企业的收入分为哪几类?

2. 企业每一类收入确认的时点是如何规定的?例如,对于销售商品的收入确认是根据发货并开票确认收入,还是和对方确认收货时再进行收入确认?

3. 企业每一类收入确认的金额是如何规定的?

4. 企业在确定每一细类收入确认时点及金额时,是否参照该笔(该类)收入的销售合同中的相关条款?

5. 针对不同类别的收入,目前企业依附的原始凭据分别有哪些?

6. 对于各类收入所需原始凭据的填写是否完整?

7. 在原始凭据填写完整的情况下,如何保证原始凭据的真实、准确?

8. 企业是否制定了相关制度或流程保证原始凭据的内容和真实发生业务一致?

9. 对于不同类别收入所需要的原始凭据,通常情况下何时传递到财务部门?

二、财务分析问题

1. 企业是否建立了财务会计分析制度?

2. 该相关制度中是否规定了财务会计分析的基本要求和组织程序?

3. 该相关制度中是否规定了财务会计分析的具体方法?

4. 该相关制度中是否规定了财务会计分析报告的编写要求?

三、财产清查问题

1. 企业是否建立了财产清查相关制度?

2. 该相关制度中是否规定了财产清查的范围?

3. 该相关制度中是否规定了财产清查组织安排的内容?

4. 该相关制度中是否规定了财产清查频率和方法的内容?

5. 该相关制度中是否规定了在财产清查的过程当中存在账实不符的情况如何处理的内容?

四、商业秘密保护问题

1. 企业是否有专门部门或人员负责企业商业秘密的保护工作?

2. 企业是否有关于企业商业秘密保护的制度性规定?

3. 企业是否对由各个部门罗列出需要保密的商业秘密的具体类别进行汇总并向全企业人员告知。

4. 企业是否与全体员工签署《员工保密协议》?

5. 企业是否与核心员工签署《竞业限制协议》?

6. 企业是否有关于员工离职交接的相关制度?

7. 针对商业秘密重要载体之一的办公电脑,企业采取了哪些管控措施?

8. 针对商业秘密重要载体之一的 U 盘，企业采取了哪些管控措施？

9. 针对商业秘密重要载体之一的纸质文件资料，企业采取了哪些管控措施？

10. 企业对外传递包含企业商业秘密的文件资料时，通过何种方式进行传递？

11. 企业对外传递包含企业商业秘密的文件资料时，是否需要事先审批？由谁审批？

12. 针对企业会议中可能涉及企业商业秘密的问题，企业是否有针对性地保护会议中涉及商业秘密的会议管理制度？具体的管理措施有哪些？

13. 针对外来人员参观过程中可能涉及企业商业秘密的问题，企业是否有外来人员参观管理制度？具体的保护措施有哪些？

14. 针对企业对外宣传资料中可能涉及企业商业秘密的问题，企业是否有保密审查制度？如何进行保密审查？

15. 针对企业对外学术、技术交流（研讨）中可能涉及企业商业秘密的问题，企业是否有技术交流（研讨）内容的保密审查制度？如何进行保密审查？

16. 针对企业参加展会、市场推广中可能涉及企业商业秘密的问题，企业是否有市场推广内容保密审查制度？如何进行保密审查？

17. 针对企业招投标中可能涉及企业商业秘密的问题，企业是否有针对企业招投标的保密管理制度？具体的保密管理措施有哪些？

18. 企业哪些部门是商业秘密集中的部门？针对商业秘密集中的部门都采取了哪些商业秘密的保护措施？

第九章　企业重点事项管理规范

应收款项管理规范

应收款项是指在日常生产经营过程中发生的各项债权，是企业因对外赊销产品、材料、供应劳务等方面活动，而应向购货或接受劳务单位收取的款项。企业应收款项包括应收账款、应收票据、预付账款和其他应收款等。

一、管理职责

1. 企业总经理对本企业应收款项管理制度的建立健全和有效实施以及应收款项业务的真实性、合法性负责。

2. 销售部门应收款项的管理职责如下。

（1）负责制定用户信用评价和政策，建立客户档案，监督各用户信用政策执行情况。

（2）负责货款催收，逐户落实，责任到人。

（3）建立应收账款登记簿，监督各用户应收款的变化。

3. 财务部门应收款项的管理职责如下。

（1）负责销售款项的结算、监督管理预付款、货款的清理和回收。

（2）负责应收款等账户的记录、对账，对出现的问题及时反馈。

（3）负责应收账款风险等级评定和诉讼时效确认。

（4）建立坏账损失登记簿，监督已转销的坏账。

4. 采购部门应收款项的管理职责如下。

（1）制定预付货款管理规定。

（2）负责预付账款的及时清理和发票索取。

（3）建立预付账款登记簿，及时了解预付款情况。

二、应收账款管理

1. 应收账款是指销售商品、提供劳务等应向对方收取的款项，应收账款由企业销售部门管理，财务部门核算。

2. 建立健全客户信用评价和管理制度。

（1）建立客户档案，详细记录与客户的业务往来，对有违约记录的客户应重点标识，严格限制与其进行赊销往来。

（2）每年年初应对客户进行内部信用评级，根据评级情况，确定对该客户的赊销限额；业务人员在经办业务时，必须严格执行客户信用限额制度，如遇特殊情况，需突破限额时，必须经授权人批准。

（3）定期开展客户信用调查、评估，及时调整客户的信用等级和赊销限额，保证信用管理的有效性。

（4）在客户信用管理上，实行责任追究制度，因业务人员擅自突破信用限额或提供客户资料不实，造成损失的，由当事人全额赔偿。

（5）在制定信用政策时，应合理确定信用期限、现金折扣比率和折扣期限，努力将信用成本控制在合理的区间。

（6）严禁对新客户开展赊销业务，如遇特殊情况，确需赊销时，必须经过授权人批准；对新客户赊销金额或对老客户赊销超限额时，按规定权限和程序进行审批。

3. 加强销售管理，严把赊销关，建立赊销审批程序，赊销必须由单位分管领导及销售、财务负责人共同签字，并由销售部门指定专人负责该款的限期回收，禁止预开发票和空开发票等不正常现象发生。

4. 加强销售合同管理，建立销售合同的财务审核制度，对销售合同将给本企业带来的收入、成本、经营风险等问题，进行经济性审核，应明确业务流程和审批权限，实行财务监控，对债务人执行合同情况定期进行跟踪分析，防止坏账风险的发生。

5. 销售和财务部门要互通情况防止出现呆账和超过诉讼时效情况的发生。出现呆账和超过诉讼时效，导致货款不能回收，责任人要承担损失额一定比例的罚款。

三、应收票据管理

1. 应收票据是企业因销售商品、产品、提供劳务等收到的商业汇票，包括银行承兑汇票和商业承兑汇票。

2. 在使用银行承兑汇票收取账款时，应事先了解客户的资信和经营情况，对资信状况差，经营困难的客户，应采取现款结算。

3. 以银行承兑汇票进行结算，要在销货合同中明确购货方的贴现利率责任。临时改变结算方式，以银行承兑汇票支付货款，销货人员要根据协商时间向购货方索要贴现利息。

4. 经办人在取得银行承兑汇票时，应审查其要件是否齐全、合法，背书是否连续，是否有涂改、伪造痕迹，必要时经办人应向企业财务人员咨询，或直接向出票行查询，以证实票据的真实性。

5. 财务部门应设专人保管应收票据，并设立应收票据登记簿，详细登记库存票据的种类、票号、出票人、出票日、票面金额、到期日、贴现、兑付、背书转让等。票据管理人员应妥善保管票据，并定期盘点，保证应收票据的安全。

6. 对于即将到期的应收票据，应及时向付款人提示付款，如出现退票、拒付等情况，财务部门应及时通知经办人，与客户协调解决。

7. 不能贴现，也不能背书转让的银行承兑汇票，财务部门要将票据单独保管，到期组织及时托收。

四、预付账款管理

1. 预付账款是企业按照合同规定预付给供应单位的款项。

2. 应建立预付账款登记簿，指定专人管理，详细记录合同的有关内容和供货情况，并及时取得发票，结清款项。

3. 预付账款的管理应遵循以下要求。

（1）采购部门应按供货合同条款的内容向供应方预付货款。签订有预付款的采购合同（协议），必须有财务部门参与论证，原则上对市场资源紧张，正常情况下难以采购的紧缺、专用物资才具备预付款条件。

（2）财务部门支付预付款时，要查验供货合同，无供货合同或付款大于合同规定的，要拒绝支付。

（3）采购部门需配合财务部门定期取得预付款单位对账单，在规定的时间内不能全部清理预付款，经办人员要以书面形式向企业分管负责人报告原因，并确定最后清理时间。

（4）由于经办者个人原因，逾期清理预付账款时，按应清金额，以当期银行贷款利率计算占用费，由经办者承担。

（5）采购部门和财务部门每月将预付账款核对一次，防止出现呆账、坏账和超诉讼时效。

五、其他应收款管理

1. 其他应收款是企业除应收票据、应收账款、预付账款等以外的其他各种应收、暂付款项，包括不设置"备用金"的企业拨出的备用金、应收的各种赔款、罚款、应向职工收取的各种垫付款项等。

2. 财务部门应根据其他应收款项的性质，进行严格控制，财务人员应逐项核对并进行及时清理，防止坏账的发生。

3. 其他应收款列支的项目必须严格审批。其开支程序为：借款人申请—部门主管签批—单位负责人审查—财务负责人批准—财务部门列支。

4. 因公借用差旅费，按差旅费管理办法执行。一般情况下，出差人员在公务结束三日内到财务部门归还借款，否则按日负担利息。

5. 财务部门对借出的款项，负责按时收回。由于不主动催收而延误还款，主办财会人员与借款人承担同样的责任。造成坏账、呆账和超诉讼时效，要按规定处罚。

六、应收款项的结算与对账管理

1. 应当按照《现金管理暂行条例》《支付结算办法》《内部会计控制规范——货币资金（试行）》等规定，及时办理各项应收款业务。

2. 应将销售收入和其他收入及时入账，不得擅自坐支现金。销售人员应当避免接触销售现款。

3. 财务部门应当建立与客户的定期对账制度，按月出具应收账款清单，每年至少一次向欠款客户寄发对账单，交客户确认；财务部门在月度终了，将应收账款清单抄送销售部门。清单内容包括：欠款部门、欠款内容、发生时间、应收余额、欠账单位和最后一次收款时间等。财务部门定期编制的应收款项明细表，应向企业管理人员和有关业务部门反映应收款项的余额和账龄等信息，及时分析应收款项管理情况，提请有关责任部门采取相应的措施，减少企业资产损失。

七、应收款项分析与风险等级管理

1. 企业应建立应收款项分析制度。

（1）至少每月进行一次应收款项分析，并形成书面分析报告，分别报企业负责人、分管领导；业务部门应积极配合应收款项分析工作，主动提供与应收款项有关的客户资料。

（2）应收款项分析的内容包括账龄分析、客户支付能力分析、催收措施分析及建议等。

（3）应收款项分析应突出重点，对重点客户、大额应收款项应进行重点分析；对应收款项的账龄进行记录，按客户付款时间长短，填制账龄记录表。

（4）应建立对应收款项的动态跟踪分析制度，发生可能影响账款收回的重大事件时，应收款项管理岗应随时进行分析，提供收款建议。

（5）在对应收款的账龄、风险程度分析的基础上，根据中断业务的时间长短，可以对应收账款等账户实行六级风险管理制度，划分方法如下：

A级（往来户）：1年以内与本单位有业务往来的欠款单位。

B级（时效户）：业务中断在1～2年的欠款单位（含2年）。

C级（风险户）：业务中断在2～3年的欠款单位（含3年）。

D级（危险户）：业务中断在3～4年的欠款单位（含4年）。

E级（呆账户）：业务中断在4～5年的欠款单位（含5年）。

F级（坏账户）：业务中断在5年以上的欠款户。

业务中断是指最后一次付款时间的中断。

2. 每一笔往来款项，按应收款项账户的增减变动情况，及时调整其风险等级，对超过信用期（C级）的应收款项要逐笔查实其欠款的形成原因和责任人，责成欠款责任人或连带责任人限期清欠并对该笔欠款负责到底。

3. 对每一欠款户在应收款项账户上增设"时效"备注栏，登记时效日期。对那些暂时无法收回的欠款，要及时与欠款单位进行对账并索取"对账回单""还款计划"等有效追款凭证，并将获取凭证的时间登记在"时效"栏内，以确保其欠款在法律保护范围之内（2年）。

八、应收款项催收管理

1. 在信用期限和折扣期限内，应经常与客户保持联系，对到期的应收款项，应当及时提醒客户依约付款；发现有可能造成客户违约的重大异常时，应及时采取措施；对逾期的应收款项，应当采取多种方式进行催收；对重大的逾期应收款项，可以通过诉讼方式解决。

2. 企业应当落实内部催收款项的责任，将应收款项的回收与内部各业务部门及个人的绩效考核及其奖惩挂钩。

（1）按照"谁形成，谁清欠"的原则清理欠款，责任到人。

（2）对特殊原因形成的欠款，要指定专人负责清欠。

（3）对于造成逾期应收款项的业务部门和相关人员，企业应当在内部以恰当方式予以警示。

3. 对于逾期的债权（2年以上），债务人没有明确的还款计划或有效承诺，有赖账倾向的，要运用法律武器进行清欠，维护企业权益。

4. 对可能破产、关闭的客户，应及时追加法律保全程序，已经破产的，要及时取得各种法律文书，进行销账。

5. 在追索逾期应收款项过程中，按照内部财务管理制度规定支付给专门收账的机构或人员的劳务费用、诉讼费用，作为当前费用处理。

6. 企业为了减少坏账损失而与债务人协商，对逾期应收款项按一定比例折扣后收回的，根据单位董事会或者总经理办公会审议决定和债权债务双方签订的有效协议，可以将折扣部分作为损失处理。

九、应收款项的年度清查

1. 每年年终时，企业应组织专人全面清查各项应收款项，并与债务人核对清楚，做到债权明确，账实相符，账账相符。

2. 在清查应收款项时，相对应的应付款项应当一并清查。对既有债权又有债务的同一债务人，应付给债务人的款项，应当从应收款项中抵扣，以确认应收款项的真实数额。

3. 对于债权人没有追索并超过诉讼时效的逾期应付款项，应当一并清查，并按照国家有关规定处理。

4. 遵照稳健原则，年度终了时，由财务部门会同销售部门对应收款项进行分析，并按国家统一会计制度的规定提取"坏账准备"。

十、应收款项的坏账核销

1. 企业在清查的基础上，对于可能成为坏账的应收款项应当报告有关决策机构，由其进行审查，确定是否确认为坏账。在履行规定的审批程序后再作出会计处理。

2. 坏账损失的确认标准如下。

（1）债务人被依法宣告破产、撤销的，应当取得破产宣告、注销工商登记或吊销执照的证明或者政府部门责令关闭的文件等有关资料，在扣除以债务人清算财产清偿的部分后，对仍不能收回的应收款项，可作为坏账损失。

（2）债务人死亡或者依法被宣告失踪、死亡，其财产或者遗产不足清偿且没有继承人的应收款项，应当在取得相关法律文件后，可作为坏账损失。

（3）涉诉的应收款项，由已生效的人民法院判决书、裁定书判定、裁定败诉的，或者虽然胜诉但因无法执行被裁定终止执行的，可作为坏账损失。

（4）逾期 3 年的应收款项，具有企业依法催收磋商记录，并且能够确认 3 年内没有任何业务往来的，在扣除应付该债务人的各种款项和有关责任人员的赔偿后，可作为坏账损失。

（5）逾期 3 年的应收款项，债务人在境外及我国香港、澳门、台湾地区的，经依法催收仍未收回，且在 3 年内没有任何业务往来的，在取得境外中介机构出具的终止收款意见书，或者取得我国驻外使（领）馆商务机构出具的债务人逃亡、破产证明后，可作为坏账损失。

3. 坏账损失的处理应遵循以下程序。

（1）企业内部有关责任部门经过取证，提出报告，阐明坏账损失的原因和事实。

（2）企业内部审计（监察）部门经过追查责任，提出结案意见。

（3）涉及诉讼的损失，应当委托律师出具法律意见书。

（4）财务部门经过审核后，对确认的坏账损失提出财务处理意见，按照企业内部管理制度提交相应权力机关审定。

4. 企业应加强坏账核销后的管理。

（1）处理的坏账损失属于逾期 3 年应收款项的，应当实行账销案存，继续保留追索权，可以划转内部设立的专门机构（清欠办公室）追索。

（2）企业注销的坏账应当进行备查登记，做到账销案存。已注销的坏账又收回时应当及时入账，防止形成账外款。

货币资金管理规范

一、管理职责

1. 企业要根据会计法和《内部会计控制规范——基本规范（试行）》以及《内部会计控制规范——货币资金（试行）》等法律法规，结合企业实际，特制定货币资金管理办法。

2. 货币资金是指各企业所拥有的现金、银行存款和其他货币资金。

3. 总经理对本企业货币资金的安全完整负责。

二、岗位分工及授权批准

1. 货币资金业务的岗位分工应确保办理货币资金业务的不相容岗位相互分离、制约和监督。任何单位不得由一人办理货币资金业务的全过程。

2. 企业应当配备合格的人员办理货币资金业务，并定期进行岗位轮换。办理货币资金业务的人员应当具备良好的职业道德，忠于职守，廉洁奉公，遵纪守法，客观公正。

3. 出纳人员负责货币资金的收支、保管和日记账的登记以及日常账实核对、账账核对工作。

（1）出纳员必须根据经过审签的记账凭证收支货币资金，而不能直接根据原始凭证办理货币资金结算。

（2）出纳员不能编制收付记账凭证，不能兼管收入、费用、债权、债务账簿的登记和稽核工作以及会计档案保管工作。

（3）对现金收款业务比较频繁的部门（如销售部门），可设专职的收款员，归财务部门管理。

4. 会计人员负责分类账的登记、收支原始凭证的复核及收付款记账凭证的编制，并按月度编制银行存款余额调节表。

5. 财务主管人员负责审核收支业务。

6. 企业应当对货币资金业务建立严格的授权批准制度，明确审批人对货币资金业务的授权批准方式、权限、程序、责任和相关控制措施，规定经办人办理货币资金业务的职责范围和工作要求。

7. 审批人应当根据货币资金授权批准制度的规定，在授权范围内进行审批，不得超越审批权限。

8. 经办人应当在职责范围内，按照审批人的批准意见办理货币资金业务。

9. 未经授权的部门和人员一律不得办理货币资金业务。

10. 企业软件管理人员负责程序设计和修改，不得负责货币资金业务的操作。

11.企业内审机构应定期和不定期地检查货币资金收支情况，检查的内容主要包括：货币资金业务相关岗位及人员的设置情况；货币资金授权批准制度的执行情况；支付款项印章的保管情况；票据的保管情况等。

三、货币资金收入

1. 企业取得的货币资金收入必须及时入账，严格禁止收款不入账的违法行为。
2. 经办销售业务的人员不得同时经办收款业务。
3. 每笔收款都要开具发票或收据。
4. 对超过结算起点的款项除特殊情况外必须以银行转账方式结算。
5. 要尽可能采用集中收款方式，分散收款应及时送交单位出纳员。
6. 不得坐支销货款和其他收入款项。
7. 出纳员收妥每笔款项后应在收款凭证上加盖"收讫"章。

四、货币资金支出

1. 货币资金的支出应按照以下要求。
（1）货币资金支出必须经有权审批人员审批、会计主管审核、会计人员复核。
（2）出纳员支付每一笔款项都应以健全的凭证和完备的审批手续为依据，付款后，须在付款凭证上加盖"付讫"章。
（3）各项支出都有预算或定额并严格执行。
（4）要按国家规定的范围使用现金，尽可能使用转账支付。
（5）支票签发和印章保管应分工负责。
2. 企业应当按照规定的程序办理货币资金支付业务。
（1）支付申请。企业有关部门或个人用款时，应当提前向审批人提交货币资金支付申请，注明款项的用途、金额、预算、支付方式等内容，并附有效经济合同或相关证明。
（2）支付审批。审批人根据其职责、权限和相应程序对支付申请进行审批。对不符合规定的货币资金支付，审批人应当拒绝批准。
（3）支付复核。复核人应当对批准后的货币资金支付申请进行复核，复核货币资金支付申请的批准程序是否正确、手续及相关单证是否齐备、金额计算是否准确、支付方式是否妥当等。复核无误之后，交由出纳人员办理支付手续。

（4）办理支付。出纳人员应当根据复核无误的支付申请，按规定办理货币资金支付手续，及时登记现金和银行存款日记账。

（5）企业对于重大货币资金支付业务，应当实行集体决策和审批制度。

3.严禁未经授权的机构或人员直接接触货币资金。

五、现金管理

1.企业必须在《现金管理暂行条例》规定的范围内使用现金，不属于现金开支范围的业务一律通过银行办理转账结算。

2.现金收付和保管只能由出纳员负责，其他任何人员（包括单位负责人）非经单位领导集体特别授权，不得接触现金。

3.要严格执行库存现金限额，超过库存限额以外的现金应在规定的时间前送存银行。

4.为加强现金的管理，除工作时间需要的小量备用金可放在出纳员的抽屉内，其余则应放入出纳专用的保险柜内，不得随意存放。放置保险柜的办公室应当具备完善的防盗和安全监控措施。保险柜的钥匙要由出纳人员保管，非出纳人员一律不得接触。保险柜应配备备用钥匙，备用钥匙由单位财务负责人保管，保险柜密码除出纳人员知晓外，应严格保密。出纳人员调换后，存放现金的保险柜密码随之改变。

5.限额内的库存现金当日核对清楚后，一律放在保险柜内，不得放在办公桌内过夜。

6.企业的库存现金不准以个人名义存入银行。

7.大额现金的存取应配备专门车辆和专门的保卫人员。

8.库存现金，包括纸币和铸币，应实行分类保管。出纳员对库存票币分别按照纸币的票面金额和铸币的币面金额，以及整数（即大数）和零数（即小数）分类保管。

9.企业应当定期和不定期地进行现金盘点，确保现金账面余额与实际库存相符，不得白条抵库和挪用现金。

（1）日常盘点：每一营业日终了，现金出纳人员应将所有的收付款凭证记录完毕，然后对库存现金进行盘点，如有外币应分别不同币种盘点，盘点完毕填写"现金盘点表"，与现金日记账的数字进行核对，如有差错，应及时查找原因。

（2）内部审计人员或其他稽核人员定期不定期地盘点。盘点时，必须有出纳人员、财务部门负责人或其他稽核人员同时在场。在盘点前由出纳人员将现金集中起来存入保险柜，必要时加以封存，然后由出纳人员把已办妥现金收付手续的收付款凭证计入现金日记账，并根据现金日记账加计累计数额结出现金余额。

六、备用金管理

1. 企业对各部门的日常支出，如差旅费、零星购置、办公杂费等，可采用定额预付制，称为定额备用金制度。备用金用于各部门差旅费、零星采购和零星开支等，不得移作他用，备用金必须有专人负责管理并及时报销。

2. 备用金管理的基本程序如下。

（1）财务部门根据预算和部门日常开支情况，共同商定备用金额度。

（2）提取备用金单位需填制借款申请单，经批准后按借款处理。

（3）使用备用金支付零星支出后，根据有关的支出凭单，定期登记备用金报销清单。

（4）财务部门根据各部门提供的备用金报销清单，补足备用金，并登记入账，视同用货币资金支付费用处理。

（5）不再需要备用金时，使用部门应将备用金及时退回财务。

（6）备用金保管人员对所借款项负有保管责任，如有短少由保管人员负责赔偿。

七、银行存款管理

1. 企业应当严格遵守银行结算纪律，不准签发没有资金保证的票据或远期支票，套取银行信用；不准签发、取得和转让没有真实交易和债权债务的票据，套取银行和他人资金；不准无理拒绝付款，任意占用他人资金；不准违反规定开立和使用银行账户。

2.出纳人员收到转账支票、银行承兑汇票后，应当认真审核，及时填制银行进账单，办理款项的进账手续；收到外汇进账通知单，应当及时登记日记账。

3.银行存款的支出必须经过适当的授权批准，按企业财务收支审批权限的规定执行。出纳人员必须根据审核无误的付款凭证，才能开具银行票据，办理款项的支付。

4.企业应指定专人定期核对银行账户，每月至少核对一次，编制银行存款余额调节表，使银行存款账面余额与对账单调节相符。如调节不符，应查明原因，及时处理。银行存款余额调节表应由会计核算或会计稽核等非银行出纳人员编制，财务部门负责人审核并签字确认。

八、外币业务管理

1.发生外币业务时，除了记录原外币金额外，还应将有关外币折合为记账本位币金额记账。

2.除发生单纯的货币兑换交易或涉及货币兑换的交易时，使用买入价或卖出价折算，其余均采用业务发生时中国人民银行公布的汇率中间价折算。

九、印章的保管

1.企业应当加强银行预留印鉴的管理。财务专用章应由专人保管，个人名章必须由本人或其授权人员保管。

2.严禁一人保管支付款项所需的全部印章。

工程项目管理规范

一、项目范围

本节所称工程项目包括基本建设项目和技术改造项目。

1. 基本建设项目：是指以新建、扩建、恢复等形式表示的扩大再生产，主要特点是增加生产要素的数量，是为了扩大生产能力或新增工程效益。

2. 技术改造项目：主要是对现有企业状况，通过采用新技术、新工艺、新设备、新材料来提高产品质量，促进产品升级换代，加强资源综合利用和环境治理等，提高企业综合经济效益。

二、管理机构及职责

1. 在工程项目获得审批后至开工期间，应由各单位负责人、工程项目负责人会同本单位财务部门，根据工程项目的规模大小、复杂程度以及重要性等因素，确定设置独立的财务管理机构或指定专人负责工程项目财务工作，对工程项目建设的财务活动实施财务管理和监督。

2. 工程项目专设财务机构或专职财务人员承担以下职责。

（1）严格按照批准的概（预）算建设内容，做好账务设置和账务管理，建立健全内部财务管理制度。

（2）对项目建设活动中的材料、设备采购、存货、各项财产物资及时做好原始记录。

（3）及时掌握工程进度，定期进行财产物资清查。

（4）参与工程项目建设决策过程中的财务可行性论证。

（5）审阅工程项目标书、标底，参与工程项目的招标、评标工作，并审核相关合同的内容。

（6）负责建设资金的筹集，按照合同要求的方式及时间，经过严格审批后支付工程建设款项。

（7）审核待报的结算书。

（8）对投入使用的工程项目进行投资计划完成、投资效益情况分析。

三、项目决策管理

1. 所有工程项目在投资施工前必须先经过可行性调研，明确可行性分析的责任部门和人员，结合技术进步的要求，进行市场预测、项目投资效益、投资回收期、利润增量等经济指标分析，确保科学决策。

2.应在进行可行性分析的基础上，制定项目建议书。财务部门有关人员应当直接参与项目建议书的编制，或项目建议书中投资估算编制及经济效益评估得到财务部门的认可；财务部门有关人员应当对项目建议书中财务分析和预测结论的可靠性发表具体的书面意见。

3.对于重大工程项目，应当实行集体决策，并根据客观经济条件的变化及时作出调整。财务部门会计人员必须参与决策全过程，相关决议应由财务部门会签。

四、项目预算管理

1.企业应建立预算程序与制度，实现对工程项目造价的控制，预算编制口径的确定应当考虑在建工程核算的要求。

2.专设机构或专职人员应对编制的设计预算进行演算和复核，审查编制依据的合法性、时效性及适用范围，预算项目是否完整，是否存在漏列、错列、多列的现象，设计预算是否完整地包括项目从筹建到竣工投产的全部投资。设计预算如超过经批准投资估算的规定比例，应进行论证，决定修改初步设计或重新办理报批事项。

3.专设财务机构或专职财务人员应根据工程项目的特点选择适当的方式对施工图预算进行审核。审查内容应包括工程量的准确性、定额套用的正确性、费用计取和汇总的合理性。

五、招投标与合同管理

1.企业工程项目应根据有关规定进行招投标管理。

2.企业应当根据招标项目的特点和需要自行或委托相关机构编制招标文件，招标文件中关于审查投标人资格的财务标准和投标报价要求等内容必须经过专设财务机构或专职财务人员的认可。

3.专设财务机构或专职财务人员应当对潜在投标人的财务情况进行综合审查，审查内容至少包括投标人以前年度经审计的财务报表以及下一年度的财务预测报告。

4.专设财务机构或专职财务人员应当审核标底计价内容、计价依据的准确性和合理性，以及标底价格是否在经批准的投资限额内。

5.工程项目建设单位分别与勘察设计单位、监理单位、施工单位及材料设备供应商订立书面合同时，要审核合同的金额、支付条件、结算方式、支付时间等内容。

六、施工过程管理

1.专设财务机构或专职财务人员应根据工程项目的不同性质，按国家统一会计制度的要求设置会计账簿，进行会计核算。

2.专设财务机构或专职财务人员应对各项建设资金的筹集和到位情况进行审查，保证工程项目资金使用的合法性、可靠性。工程项目需要追加投资的重大变更，必须经过财务人员的审查论证。

3.主管工程项目的财务机构应建立严格的工程款、材料设备款及其他费用的支付审批程序。在支付合同款时，必须审查由监理工程师签证或到货验收的有关合同履行情况的凭证，严格按照有关规定使用工程项目资金，控制工程项目各类款项的支付，将实际投资额控制在批准范围内。

（1）工程预付款应在建设工程或者设备、材料采购合同已经签订，施工或者供货单位提交了经建设单位财务部门认可的银行履约保函和保险企业的担保书后，按照合同规定的条款支付。

（2）工程进度款项的拨付应严格按建设工程合同规定条款、实际完成的工作量及工程监理等部门审查签证情况办理进度款的支付。

（3）工程建设期间，建设单位与施工单位进行工程价款结算，建设单位必须按合同规定的金额或比例提留质量保证金；工程结束后，并在质量保证期满，经有关部门验收合格、使用单位签署意见后，将其支付给施工单位。

4.建设单位应建立工程材料、物资、机器设备采购及保管制度，包括降低采购成本，明确划分生产用材料物资与工程用材料物资，制定工程材料、设备物资的收发保管等制度。

5.财务人员应组织有关部门定期清查工程物资，核实工程项目建设支出，及时编制准确、完整的会计报告，如实反映建设资金的来源和占用、建设投资（成本）和投资效果、概（预）算和年度投资计划的完成情况。建立工程项目定期或不定期的会计分析制度。

6.财务部门应当定期或者至少每年年度终了核定各项在建工程的成本，按可收回金额低于账面价值的部分及时计提减值准备。财务人员应及时查明在建工程减值的原因，建议有关部门追究相关人员的责任并作出相应的会计处理。

七、试运行及有关收入管理

1.一般性建设项目的联动负荷试运行期限，原则上按照批准的设计文件所规定期限执行。个别建设项目的联动负荷试运行期限需要超过规定期限的，应报项目设计文件审批机关批准。凡已达到（或超过）批准的联动负荷试运行期限，并已具备符合验收条件但未及时办理竣工验收手续的建设项目，均视同项目已正式投产。

2.联动负荷试运行期限一经确定，建设单位应严格按规定执行，不得擅自缩短或延长。

3.工程项目建设收入是指在工程项目建设过程中形成的各项工程建设剩余、废旧物资或副产品的变价净收入、联动负荷试车产生的产（次）品和副产品收入以及其他收入。

（1）工程建设副产品变价净收入。

（2）联动负荷试车和试运行所实现的产（副产）品收入。

（3）其他收入包括：各类建设项目总体建设尚未完成或交付使用，但其中部分工程简易运营投产而发生的营业性收入等；工程建设期间各项索赔以及违约金等其他收入。

4.专设财务机构或专职财务人员应加强对有关收入的监督与管理，及时入账，防止各种舞弊行为的发生。

八、竣工验收与决算管理

1. 建设单位对符合竣工验收条件的工程项目，应及时组织竣工验收，编制工程项目竣工财务决算。验收合格的工程项目，会计机构或人员应建立交付使用财产明细表，并转增固定资产。竣工决算的编制应遵循以下要求。

（1）编制工程项目竣工财务决算前，财务人员应及时开展各项清理工作，主要包括：各类会计资料的归集整理、账务处理、财产物资的盘点核实及债权债务的清偿，做到账账、账证、账实、账表相符；各种材料、设备、工具、器具等，要逐项盘点核实，填列清单，妥善保管，或按照有关规定进行处理，不准任意侵占、挪用。

（2）建设周期长、建设内容多的项目，单项工程竣工，具备交付使用条件的，可编制单项工程竣工财务决算。建设项目全部竣工后应编制竣工财务总决算。

（3）项目竣工财务决算是正确核定新增固定资产价值，反映竣工项目建设成果的文件，是办理固定资产交付使用手续的依据。编制单位要认真执行有关财务核算办法，严肃财经纪律，实事求是地编制工程项目竣工财务决算，做到编报及时，数字准确，内容完整。

（4）建设单位应加强项目竣工财务决算的组织领导，组织专门人员，及时编制竣工财务决算。设计、施工、监理等单位应积极配合建设单位做好竣工财务决算编制工作。建设单位应在项目竣工后及时完成竣工财务决算的编制工作。在竣工财务决算未经批复之前，原机构不得撤销，项目负责人及财务主管人员不得调离。

2. 竣工财务决算应以下列文件和资料为依据进行编制。

（1）可行性研究报告、初步设计、预算调整及其批准文件。

（2）招投标文件（书）。

（3）历年投资计划。

（4）承包合同、工程结算、发票等有关资料。

（5）有关的财务核算制度、办法。

（6）其他有关资料。

3. 竣工财务决算应包括以下内容。

（1）工程项目竣工财务决算报表。

①工程项目概况表。

②工程项目竣工财务决算表。

③工程项目交付使用资产总表。

④工程项目交付使用资产明细表。

（2）竣工财务决算说明书。

①工程项目概况。

②会计账务的处理、财产物资清理及债权债务的清偿情况。

③工程项目结余资金等分配情况。

④主要技术经济指标的分析、计算情况。

⑤工程项目管理及决算中存在的问题、建议。

⑥决算与概算的差异和原因分析。

⑦需说明的其他事项。

4. 应按有关规定及时组织决算审计，对建设成本、交付使用财产、结余资金等内容进行全面审查，会计人员以审定金额作为工程款结算的依据。

5. 未经验收或验收不合格的工程不得交付使用。对于竣工验收后留有收尾工程的项目，应按照验收中审定的收尾工程内容、数量、投资和完成期限组织扫尾。竣工验收后且已办理项目竣工财务决算移交的不得再进行"修配改"项目投资，确实需要应另行提出项目计划，经批准后方可独立实施。

九、工程项目分析与评估

1. 企业应建立由财务人员参与的概算、预算及决算分析考评制度，在竣工决算后组织分析概算、预算执行情况及差异产生原因。对于实际投资规模超过审定的投资规模的项目，应当追究相关决策者和执行人员的责任。

2. 应建立工程项目评估制度，对投入使用的项目进行投资效益分析。

财务报告管理规范

一、财务报告的构成

1. 财务报告是指反映单位某一特定日期财务状况和某一会计期间经营成果、现金流量的文件。

2. 企业不得编制和对外提供虚假的或者隐瞒重要事实的财务报告。单位负责人对本单位财务报告的真实性、完整性负责。

3. 财务会计报告按报送的对象不同分为对外报送的财务报告和对内报送的财务报告。

4. 财务会计报告按报送期间分为快报、年度、半年度、季度和月度财务会计报告。

5. 资产负债表是反映企业在某一特定日期财务状况的报表。

6. 利润表是反映企业在一定会计期间经营成果的报表。利润表应当采用多步式列报,将不同性质的收入和费用类别进行对比,从而可以得出一些中间性的利润数据,便于使用者理解企业经营成果的不同来源。

7. 现金流量表是反映企业一定会计期间现金和现金等价物(以下简称现金)流入和流出的报表。现金流量表应当按照经营活动、投资活动和筹资活动的现金流量分类分项列示。

8. 所有者权益变动表是反映构成所有者权益的各组成部分当期的增减变动情况的报表。所有者权益变动表应当全面反映一定时期所有者权益变动的情况,不仅包括所有者权益总量的增减变动,还包括所有者权益增减变动的重要结构性信息,特别是要反映直接计入所有者权益的利得或损失,让报表使用者准确理解所有者权益增减变动的根源。

9. 相关附表是反映企业财务状况、经营成果和现金流量的补充报表,主要包括利润分配表以及国家统一的会计制度规定和企业因管理需要增设的其他附表。

10. 利润分配表是反映企业一定会计期间对实现净利润以及以前年度未分配

利润的分配或者亏损弥补的报表。利润分配表应当按照利润分配各个项目分类分项列示。

11.年度、半年度会计报表至少应当反映两个年度或者相关两个期间的比较数据。

12.会计报表附注是财务报表不可或缺的组成部分,是对在资产负债表、利润表、现金流量表和所有者权益变动表等报表中列示项目的文字描述或明细资料,以及对未能在这些报表中列示项目的说明等。

13.财务情况说明书至少应当对下列情况作出说明。

(1)企业生产经营的基本情况。

(2)利润实现和分配情况。

(3)资金增减和周转情况。

(4)对企业财务状况、经营成果和现金流量有重大影响的其他事项。

二、财务报告的编制

1.企业应当于年度终了编报年度财务报告,并根据国家统一的会计制度规定编报半年度、季度和月度财务会计报告。

2.企业编制财务会计报告,应当根据真实的交易、事项以及完整、准确的账簿记录等资料,并按照国家统一的会计制度规定的编制基础、编制依据、编制原则和方法。

3.企业应当依照国家统一的会计制度规定,对会计报表中各项会计要素进行合理的确认和计量,不得随意改变会计要素的确认和计量标准。

4.企业应当依照有关法律、行政法规规定的结账日进行结账,不得提前或者延迟。年度结账日为公历年度每年的12月31日;半年度、季度、月度结账日分别为公历年度每半年、每季、每月的最后一天。

5.编制年终会计决算要按照会计法和《企业财务会计报告条例》等及国家统一的会计制度规定的编制基础、编制依据、编制原则和方法,根据真实的交易、事项以及完整、准确的账簿资料正确编制会计决算报表,做到内容完整、数字真实、计算准确、说明清楚、编报及时。

6. 企业在编制年度财务会计报告前，应当按照下列规定，全面清查资产、核实债务。

（1）结算款项，包括应收款项、应付款项、应交税费等是否存在，与债务、债权单位的相应债务、债权金额是否一致。

（2）原材料、在产品、自制半成品、库存商品等各项存货的实存数量与账面数量是否一致，是否有报废损失和积压物资等。

（3）各项投资是否存在，投资收益是否按照国家统一的会计制度规定进行确认和计量。

（4）房屋建筑物、机器设备、运输工具等各项固定资产的实存数量与账面数量是否一致。

（5）在建工程的实际发生额与账面记录是否一致。

（6）需要清查、核实的其他内容。

三、合并财务报表的特殊要求

1. 合并会计报表，是指反映母公司和其全部子公司形成的公司集团整体财务状况、经营成果和现金流量的合计报表。合并会计报表包括资产负债表、利润表、现金流量表和所有者权益变动表。

2. 编制合并财务报表除要遵守财务报表有关会计准则规定外，还要遵守《企业会计准则——合并财务报表》等国家统一的会计制度的规定，需要编制合并会计报表的单位，应当按期编制合并会计报表。

3. 集团企业除编制自己的个别会计报表外，还应当根据会计制度的规定，编制集团的合并会计报表。

4. 各子公司的会计报表决算日和会计期间应当与集团企业保持一致，并执行集团企业统一规定的会计制度和会计政策、会计估计。

四、财务报告的对外提供

1. 对外提供的财务会计报告反映的会计信息应当真实、完整。

2. 企业应当依照法律、行政法规和国家统一的会计制度有关财务会计报告提供期限的规定,及时对外提供财务会计报告。

3. 企业对外提供的财务会计报告应当依次编定页数,加具封面,装订成册,加盖公章。封面上应当注明:企业名称、企业统一代码、组织形式、地址、报表所属年度或者月份、报出日期,并由单位负责人和主管会计工作的负责人、会计机构负责人(会计主管人员)签名并盖章;设置总会计师、财务总监的企业,还应当由总会计师、财务总监签名并盖章。

4. 应当依照企业章程的规定,向投资者提供财务会计报告。

5. 企业有权拒绝向非依照法律、行政法规或者国务院规定的任何组织或者个人,提供部分或者全部财务会计报告及其有关数据。

6. 已建立职工代表大会的单位,应当至少每年一次向本单位的职工代表大会公布财务会计报告,并重点说明下列事项。

(1)反映与职工利益密切相关的信息,包括:管理费用的构成情况,企业管理人员工资、福利和职工工资、福利费用的发放、使用和结余情况,公益金的提取及使用情况,利润分配的情况以及其他与职工利益相关的信息。

(2)内部审计发现的问题及纠正情况。

(3)注册会计师审计的情况。

(4)国家审计机关发现的问题及纠正情况。

(5)重大投资、融资和资产处置决策及其原因的说明。

(6)需要说明的其他重要事项。

7. 企业向有关各方提供的财务会计报告,其编制基础、编制依据、编制原则和方法应当一致,不得提供编制基础、编制依据、编制原则和方法不同的财务会计报告。

8. 财务会计报告须经注册会计师审计的,企业应当将注册会计师及其会计师事务所出具的审计报告随同财务会计报告一并对外提供。

9. 在企业财务会计报告未正式对外披露前,可以要求接受财务会计报告的组织或者个人对其内容保密。

经营分析管理规范

一、经营分析的目的

企业在财务报告的基础上,通过一定的方法和手段,对财务报告提供的信息进行系统和深入的研究,揭示有关指标间的关系、变动趋势及形成原因,从而使信息使用者更全面、深入、细致地了解财务信息,为企业经营管理决策提供服务。

二、经营分析的方法

1. 比较分析法

比较分析法是将分析的财务资料和指标进行比较,以发现本单位优势和劣势。

(1)横向比较:可与国际标准比较,也可与国家标准、行业标准比较;可与国外企业比较,也可与国内企业比较;可与一般企业比较,也可与同规模企业、先进企业、主要竞争对手比较。

(2)纵向比较:可与历史平均标准、历史最好标准、现行标准等比较。

2. 因素分析法

因素分析法是按照一定的顺序,将影响某指标的若干因素一一列出,然后从第一个因素开始,逐步进行替换,以计算每一因素对目标值的影响,进而控制不利因素。因素分析法包括差额分析法、指标分解法、定基替代法、环比替代法等。

3. 图表法

图表法是将分析的数据资料绘制成各种图表,以增加比较的直观性。

4. 比率法

比率法是通过计算各种财务比率,来分析评价单位经营业绩和财务状况。

三、经营分析的内容

1. 经营分析主要包括以下内容。

（1）主要预算指标完成情况及差异分析。

（2）经营情况分析。

（3）收入情况分析。

（4）成本费用分析。

（5）利润分析。

（6）现金流量及其资金筹集与运用状况分析。

2.进行财务分析，应撰写财务分析报告。财务分析报告应包括以下基本内容：

（1）经营情况说明。

主要说明当期、累计主要业务的销售量（工作量）、价格、收入、成本（费用）、利润总额、税金、资本支出、现金净流量，与预算、上年同期比较，分析差异形成的主要原因并提出改善建议。

（2）利润完成情况分析。

对收入总额、收入构成以及收入的来源渠道进行分析，并与上年同期情况进行对比，提出下期改进办法和建议。

结合本企业的业务性质和有关成本、费用考核指标进行分析。包括成本费用总额、单位成本及其变动趋势；成本费用构成因素及其变动趋势。

说明当期、累计主营业务利润的完成情况，与预算比较，寻找差异，并解释原因。具体应从收入、成本、管理费用、财务费用等主要方面分析差异形成的原因，并提出改善的建议。

（3）资金周转和使用情况分析。

主要说明当期、累计现金净流量和经营现金净流量。具体应从现金流入及现金流出结构分析，说明现金流量中经营活动、投资活动及筹资活动是否合理。

结合相对指标分析，说明资金余额的充足性，偿还债务能力，并对筹资提出相关建议。上述分析还应与预算指标比较并解释差异原因，提出改善建议，并对下期的预计资金周转情况进行分析。

（4）对下列事项的专题分析。

①存货及资金占用情况。

②应收账款管理和回收情况。

③资产结构及资产利用效率情况。

④资本结构及资本成本情况。

（5）预算执行情况分析。

①在进行预算执行情况分析时，各指标的计算口径和格式必须与预算管理办法中规定的计算口径和格式一致。

②计算的各项指标应与本期计划和上期实际进行比较。

③主要归纳以上对预算完成情况及其原因的分析，提出改善建议。同时预测下期预算完成情况。

（6）经营相对值指标评价分析。

经营相对值指标主要包括财务效益状况指标、资产运营状况指标、偿债能力状况指标、发展能力指标、现金流量指标和经营预警指标。

分析时应将上述指标与上年、本年预算作对比分析，说明变化的主要原因并提出改善建议。

在季度、半年、年度财务报告中，应对以上指标特别是财务效益状况指标、资产运营状况指标、偿债能力状况指标、发展能力指标进行详细的分析和说明，并将本单位实际的相对指标与国内、国外同类企业进行比较，以了解企业在国内外市场的地位和综合竞争力的强弱。

（7）经营的主要风险分析。

应定期对经营失败预警指标进行分析，及时发现本单位的经营风险、财务风险。如发现在经营失败预警指标出现危险信号。应重点说明原因、采取的措施及消除的预计期限。

（8）其他影响企业效益和财务状况的较大项目和重大事件说明。

3. 分析应围绕企业的盈利能力、资产管理能力、偿债能力、获取现金能力和发展能力展开，并与对企业每个人的业绩考核相结合。

4. 分析评价内容及指标体系主要包括以下内容。

（1）偿债能力，即企业偿还自身所欠债务的能力，包括短期和长期偿债能力指标。推荐采用以下指标。

①资产负债率 = 负债总额 ÷ 资产总额 × 100%

②已获利息倍数 = 息税前利润总额 ÷ 利息支出

③现金流动负债比率 = 经营现金净流量 ÷ 年末流动负债 × 100%

④速动比率 = 速动资产 ÷ 流动负债 × 100%

⑤不良资产比率 = 年末不良资产总额 ÷ 年末资产总额 × 100%

（2）盈利能力，即企业投入一定的资源赚取利润的能力。推荐采用以下指标：

①净资产收益率 = 净利润 ÷ 平均净资产 × 100%

②总资产报酬率 = 息税前利润总额 ÷ 平均资产总额 × 100%

③主营业务利润率 = 主营业务利润 ÷ 主营业务收入净额 × 100%

④资本保值增值率 = 扣除客观因素后的年末所有者权益 ÷ 年初所有者权益 × 100%

⑤盈余现金保障倍数 = 经营现金净流量 ÷ 净利润

⑥成本费用利润率 = 利润总额 ÷ 成本费用总额 × 100%

（3）资产营运能力，即企业营运资产的效率。推荐采用以下指标。

①总资产周转率 = 主营业务收入净额 ÷ 平均资产总额 × 100%

②流动资产周转率 = 主营业务收入净额 ÷ 平均流动资产总额 × 100%

③存货周转率 = 主营业务成本 ÷ 存货平均余额 × 100%

④应收账款周转率 = 主营业务收入净额 ÷ 应收账款平均余额 × 100%

（4）发展能力，即企业未来生产经营的增长趋势和增长水平。推荐采用以下指标。

①销售（营业）增长率 = 本年主营业务收入增长额 ÷ 上年主营业务收入总额 × 100%

②净利润增长率 = 本年净利润增长额 ÷ 上年净利润 × 100%

③固定资产增长率 = 本年固定资产增长额 ÷ 上年固定资产总额 × 100%

④技术投入比率 = 当年技术转让费支出与研发投入 ÷ 主营业务收入净额 × 100%

（5）社会贡献，即衡量企业对国家或社会贡献水平的高低。推荐采用以下指标。

①社会贡献率＝企业社会贡献总额÷企业平均资产总额×100%

②社会积累率＝上缴国家财政总额÷企业社会贡献总额×100%

5.分析报告撰写完毕，单位负责人、财务负责人应当签名留存，并组织召开经营分析会。

财产清查管理规范

一、财产清查的定义与种类

1.财产清查就是通过对货币资金、存货、固定资产、债权债务、票据等的盘点或核对，查明其实有数与账存数是否相符，并查明账实不符原因的方法。

2.财产清查依据清查对象与清查范围可分为全面清查与局部清查两种，按照清查的时间可分为定期清查与不定期清查两种。

3.全面清查就是企业针对企业所有的财产物资进行全面的盘点与核对。企业在下列情况下应展开全面清查工作。

（1）为确保年度会计报表的正确性与可靠性，在年度决算前进行财产全面清查。

（2）企业为导入新的信息化管理系统必须要有正确的记账数据，在新制度实施前应进行全面财产清查。

（3）企业撤销、合并、分立、负责人离任或部门改变隶属关系，为了明确经营责任和确定资产、负债实际数量和金额，应进行财产全面清查。

（4）核定企业资本金应进行全面清查。

（5）其他需要进行全面清查的情形。

4.局部清查就是根据管理需要或依据有关规定，对部分财产物资和债权、债务进行盘点和核对。进行局部清查的内容如下。

（1）每月月底时，针对银行存款与银行借款进行核对。

（2）对于现金及应收票据，出纳人员自行清点外，应和会计账簿相符。

（3）针对价值较高的存货，进行轮流盘点。

（4）应收账款与应付票据在月底时应列表核对。

企业应当在年度中间根据具体情况，对各项财产物资和结算款项进行重点抽查、轮流清查或者定期清查。

5.定期清查就是企业每到预定的确定时间。便对本单位货币资金、存货资产、交易往来款项展开财产清查工作。

通常年底决算前进行全面清查，月底时则进行局部清查。

6.不定期清查就是企业事先没有既定的清查时间表，而是根据实际工作的需要随时展开清查工作。下列几种情况应进行不定期清查。

（1）更换存货资产或货币资金保管人员，针对保管的资产进行清查，以厘清保管人员的经管责任。

（2）发生意外灾害或损失，对受损财产进行清查，以查明财物受损情况。

（3）企业因进行购并改组，吸收外资等，对实物资产进行清查。

不定期清查可以是全面清查，也可以是局部清查，企业可根据需要而定。

二、财产清查的期限和程序

1.对货币资金、票据、交易性金融资产、应收款项等金融资产，存货、长期股权投资、固定资产、土地使用权等财产的清查，每年至少进行一次，一般在年终决算前实施。

2.对库存现金、银行存款、其他货币资金、存货及贵重物品等，应建立月度盘点制度并进行不定期抽查。在年度中间，应根据具体情况，对各项财产物资和结算款项进行重点抽查或定期抽查。

3.在进行财产清查时，应根据财产清查的需要成立相应的财产清查机构或指定财产清查人员。

财产清查必须有单位主要负责人、各职责部门负责人参加。

4.应在财产清查工作开始前，制订财产清查方案，经单位负责人或权力机构批准后实施。财产清查方案一般包括：财产清查的目的、方法、步骤、人员及要求等。

三、库存现金的清查

1. 对库存现金的清查，应查看库存现金是否超过核定的限额，现金收支是否符合现金管理规定；核对库存现金实际金额与现金日记账户余额是否相符；编制库存现金盘点表；核对账面余额与实际是否相符。

2. 盘点库存现金，推算清查基准日的现金实物，编制现金盘点表，核对账表，保证账表、账实相符；如存在损失，应查明原因，取得相关证据。

四、银行存款的清查

1. 首先核对银行日记账与总账余额是否相符；其次核对银行日记账余额与银行对账单余额是否相符，编制银行存款余额调节表。分析未达账项发生的时间、内容及原因，对已形成的坏账，应查明原因，取得相关证据。

2. 对于银行存款中挂账的存于金融、非金融机构的长期未收回的款项，应查明原因，分析可回收性。如有明显证据表明为无法收回的款项，应比照应收款项的处理方法确认清查损失。

五、其他货币资金的清查

1. 对其他货币资金，应按其他货币资金账户及其明细分类账逐一核对。核对本科目各细目之和与总账余额是否相符，将各细目余额分别与银行对账单进行核对，编制银行存款余额调节表。分析未达账项发生的时间、内容及原因，对已形成的坏账，应查明原因，取得相关证据。

2. 根据现金、银行存款、其他货币资金清查结果，填制"货币资金财产清查明细表"。

六、交易性金融资产的清查

1. 交易性金融资产清查的内容包括：各种债券、股票、基金等。

2. 交易性金融资产清查的要求如下。

（1）核对账表，检查账面金额及数量与实际是否相符；交易性金融资产的增减变动及其收益（或损失）的记录是否完整、期末余额及计价是否正确。

（2）盘点库存有价证券，确定有价证券是否存在，编制盘点表。

（3）函证保存在外的有价证券，查明账实不符的原因，对已形成的损失，取得相关证据。

（4）取得财产清查时点各项资产的市值，对其账面价值进行调整。

3.根据上述清查结果，填制"交易性金融资产清查明细表"，若存在申请报批的财产损失，应同时填制"待处理资产损失明细表"。

七、应收和预付账款的清查

1.清查内容

（1）逐笔核对各类应收、预付的原始资料，确定应收账款、预付账款及其他应收款增减变动的记录是否完整，是否存在，确认其真实性。

（2）将应收款按账龄归集，分析可回收性。

（3）对大额的应收和预付款余额与对方单位函证核对，取得对方确认函，对有争议的债权应认真清理、查证、核实，重新明确债权关系。

（4）根据取得的资料确认资产损失、坏账准备的核销是否符合规定。

2.坏账损失的确认

应收账款清查中债务人存在下列情形的，需取得以下证据方可确认坏账损失：

（1）由于债务人破产或死亡以其破产财产或遗产清偿后仍不能收回的账款，取得法院或公安局派出所出具的债务人破产、死亡的法律文书。

（2）债务人经工商行政机关及税务机关注销或吊销证照，应取得工商行政管理局出具的债务人已被吊销、注销营业执照的书面证据、公告及其他相关资料。

（3）债务人连续三年资不抵债、经营亏损，失去持续经营能力。取得债务人连续三年业经审计的会计报表。

（4）债务人已被合并、分立的，对于已知债务接收单位的应核实债务接收单位的偿还能力；未知债务接收单位的，应通过工商部门落实债务接收单位名称、地址，并前去核实债务偿还事宜，并按前款所述确认坏账损失。

（5）当债务人停产、停业。应取得其上级主管部门有关该各单位停产停业的批复或决议、近两年经审计的会计报表、纳税申报表及能证明该各单位已停止营业的资料。

（6）债务人连续两年未通过年检，应取得相关公告及证明资料。

（7）被法院裁定或被中介机构确认失去偿债能力。取得法院裁定书或中介机构的确认报告。

（8）分析账龄在3年以上的应收款项，取得历年与对方核对（函证）或催收证明，分析其偿债能力，并按前款所述确认坏账损失。

（9）由于经济结构调整、国家政策改变等政策性因素造成的损失，应出具详细说明材料，提供相关文件。

（10）由于意外事故、贪污盗窃、诈骗、司法败诉强制执行等其他因素造成的损失，应提供相关依据，如交通、公安、司法、保险文书、事故报告、处理决定等；其他有明显证据表明无法收回的款项，应取得相关证据。

3. 坏账准备的计提

（1）按账龄分析法计提坏账准备的比例，企业可以参照以下比例执行。或者根据企业实际情况商定。

计提标准计提比例（%）

计提标准	计提比例（%）
1年以内	5
1～2年	20
2～3年	50
3～4年	70
4～5年	80
5年以上	95

（2）下列几种情况不能全额提取坏账准备：

①当年发生的应收款项，以及未到期的应收款项。

②计划对应收款项进行债务重组或以其他方式进行重组的。

③与关联方发生的应收款项，特别是母子公司交易或事项产生的应收款项。

④其他已逾期，但无确凿证据证明不能收回的应收款项。

（3）各项应收和预付款的清理结果应分别记入相应科目的"清查明细表"；申请报批的坏账损失还要统一填写"待处理资产损失明细表""坏账准备清查明细表"。

八、应收票据的清查

1. 核对库存票据是否与账簿登记内容一致，确定应收票据是否存在；增减变动的记录是否完整；是否有效；可否收回。

2. 凡属计息的应收票据应核查利息收入是否均已据实入账。

3. 是否及时通过银行，对取得票据的真实性进行核实。

4. 对已贴现的应收票据，应核实其贴现额与利息额的计算是否正确。

九、存货的清查

存货的清查包括原材料、燃料、材料、在产品、产成品、备品配件、低值易耗品等。存货的清查分为以下内容和步骤。

1. 核对账目

（1）财务部门负责核对：总分类账余额与明细分类账余额、物资管理部门库存物资余额。

（2）物资管理部门负责核对：各库存物资明细账余额与仓库账卡是否一致。

2. 核对实物

（1）盘点实物资产，推算财产清查基准日的实存数量（清查基准日已盘点的除外），并编制盘点表，若出现盘盈、盘亏，应查明原因，并取得相关证据；

（2）函证异地存货，将回函结果与账面核对，若存在差异应查明原因，并书面说明；

（3）对长期借出的物资要查明借出原因、借出时间及借用单位（人），并积极组织收回；对不能收回的，应追究有关人员责任，并按规定处理。

3. 下列存货在取得以下证据的前提下确认资产损失

（1）盘亏、锈蚀、腐烂的存货，依据盘点记录、损失报告、本企业董事会、经理办公会或权力机构的决议或批准文件直接确认损失；

（2）技术淘汰、质量报废、毁损报废的产品，应取得专业的技术管理部门、行业技术鉴定委员会、中介技术鉴定部门（以上3项统称"专业技术鉴定部门"）的鉴定或咨询报告、评估机构报告、物价部门价格公告、媒体公告等确认损失。例如：对因车型淘汰，已不能使用的长期积压的汽车零配件、车用通信设备等。

（3）已经过期且无转换价值的存货、生产中已不再需要且已无使用价值和转让价值的存货，应取得专业的技术鉴定部门、评估机构的报告，证明该存货已过期且无利用价值。

（4）自然灾害、被盗损失、事故损失等造成的存货损失，需提供公安、交通（安检）、保险部门的证明资料，保险索赔资料、法律诉讼文书、主管机构的裁定书、事故报告书等，损失金额应按保险理赔后的净值计算。

（5）其他发生实质性损失的存货，应在取得相关证据情况下确认资产损失。

十、无形资产的清查

1. 无形资产主要包括专利权、非专利权、商标权、著作权、土地使用权等。
2. 主要检查是否存在长期挂账应摊未摊的费用及减值准备的计提。

（1）应准备的资料。

①资产使用权（所有权）证书。

②购买合同、发票。

③中介机构的评估报告或相关部门的鉴定报告。

④建造成本资料。

⑤资产损失及处理证据。

⑥财产清查各明细表。

（2）无形资产的清查内容。

①对已入账无形资产的清查。逐项清查、核实无形资产的入账依据、金额。无形资产的入账应依据中介机构的鉴定、评估报告、购买合同或实际发生的成本资料等。核实本科目所含各项无形资产是否按规定进行了摊销，若存在差异

应查明原因，依据相关证据（如：报企业决策机构的批复文书等）。

②对未入账无形资产的清查。即以前直接进费用或挂往来科目、符合无形资产核算条件而没有作为无形资产入账的，均应补充入账，并按照受益年限进行摊销。

③根据清查结果编制"无形资产清查明细表""待处理资产损失明细表""无形资产减值准备清查明细表"。

十一、固定资产的清查

1. 清查单位应准备的资料

（1）资产所有权证书及投入运营批复。

（2）资产评估报告、专业技术鉴定报告。

（3）资产盘点表及明细清单。

（4）资产竣工验收报告，暂估入账依据，大宗、高价值资产的购置发票及相关授权批准文件和合同。

（5）资产保险资料。

（6）租入资产（含经营租赁和融资租赁）的租赁协议、合同。

（7）资产损失证明资料及企业董事会或经理办公会、投资股东就资产损失处理的批准文件、决议等。

2. 固定资产的清查内容

（1）应对房屋、建筑物、机器设备、运输设备和工具器具等在内的所有固定资产（包括账内和账外资产）进行全面清查、盘点，编制资产盘点表。

（2）查清固定资产原值、净值、已提折旧额，核对应提折旧与实提折旧，若存在差异，应查明原因，取得相关资料。

（3）清理出已提足折旧、待报废和提前报废的固定资产，取得相关资料，根据具体情况确定固定资产损失数额及待核销数额等。

（4）固定资产损失包括：盘亏损失、毁损报废、技术淘汰、质量报废、自然灾害造成的损失、意外事故造成的损失、无使用及转让价值。

（5）对财产清查中盘盈以及账外资产，也应按企业规定履行审批程序，而后进行申报处理。

3. 固定资产清查的方法

（1）核对账目、卡片。

①财务部门负责核对：总分类账所列固定资产原值、折旧、净值与明细账余额及固定资产卡片金额之和是否一致。

②财务部门与归口管理部门（包括设备管理部门、房地产管理部门、其他资产管理部门等）双方核对卡片：对资产的编号、名称、型号规格、原始金额等的一致性进行核对，并与相关产权归属资料进行核对。

③归口管理部门与使用部门核对双方卡片：核对归口管理部门的固定资产卡片和使用部门的固定资产卡片的资产编号、名称、型号规格、数量、原始金额等是否一致。

（2）核对实物。

由归口管理部门负责组织使用部门进行固定资产清查、盘点，以卡查物，以物对卡，核对账实，检查是否相符，编制资产盘点表。应特别关注以下特殊资产的核对。

①有卡无物的资产，要查明原因，确属丢失、毁损的列入固定资产盘亏，填报"固定资产盘盈、盘亏申报表"，属于出租出借的应追查出租出借合同；

②有物无卡的资产，要查明原因。一般有4种情况：一是属于正常固定资产盘盈，填报"固定资产盘盈、盘亏申报表"，按照规定进行会计差错更正，补作账务处理；二是属于接受捐赠未入账或作为成本费用支出的固定资产，应按规定进行会计差错更正，补作账务处理；三是租入、借入固定资产，需要追查有关文书；四是使用账外资金购入，应先补作入账处理，并查清购买资产的资金来源。

（3）出租的固定资产，由租出方负责清查，并将清查结果与租入方进行核对，完善相关手续。

（4）借出的固定资产，要认真清理，清理结果与对方核对，取得一致，完善相关手续。对于非经营借出，应尽量收回，对确实无法收回的，应按企业规定程序审批处理，并追究有关责任人的责任。

十二、在建工程的清查

1. 在建工程的分类

在建工程指已经开工建设，完成了一定数量的工作量，但未移交使用的工程，按其性质不同分为以下几种。

（1）正在施工的在建工程。

（2）国家规定停止建设的工程。

（3）近期内不能建设的缓建工程。

（4）已完工未使用和已交付使用尚未入固定资产账的工程。

（5）报废工程等。

2. 应提供的清查资料

（1）产权归属证明。

（2）工程项目授权批准文件，立项批复，设计文件。

（3）购置合同、承建协议、竣工结（决）算、验收报告（证书）、初装修合格证、距清查时间点最近的工程进度款申请单。

（4）评估报告。

（5）在建工程清单。

（6）报废资产的专业技术鉴定报告、授权审批文书及其他证明资料。

3. 具体清查内容

（1）核对在建工程明细账、总账，并与相关批复文件进行核对，编制在建工程清单。

（2）依据上述清单与实物资产进行核对，包括对工程进度、工程质量的检查，取得工程管理部门的工程进度报告、质量验收报告或相关文书。

（3）依据在建工程合同、借款协议、工程进度、工程成本支出资料等检查工程资本化核算情况。

（4）对清查出资产价值不实的部分，应根据具体情况调整相关账目或申报资产损失。

（5）对挂往来账的在建工程支出，应按规定进行调整，计入在建工程核算，完善相关手续，按照会计差错更正方法调整账目。

（6）对清查出的报废工程、毁损工程等应查明原因，取得专业技术鉴定部门的鉴定报告，编制"在建工程清查明细表""待处理资产损失明细表"。

（7）对于工程物资，其资产损失的确认、减值准备的计提，比照存货进行。对于确实没有回收和使用价值或再次续建使其达到停工前性能、状态所需投入的资金将超过原建造成本的在建工程应确认为损失，并取得专业技术鉴定或中介机构的相关报告或其他资料。

十三、其他资产科目的清查

其他资产科目的清查包括应收股利、应收利息、长期应收款等的清查。

1. 比照应收账款、预付账款等债权科目的清查方法进行，取得相关资料，确认资产价值及损失。

2. 根据清查结果，编制各科目"清查明细表"；申请报批的坏账损失还要统一填写"待处理资产损失明细表""坏账准备清查明细表"。

十四、负债的清查

1. 应付款项的清查

（1）按照应付款项的账龄及余额的构成编制清查表。

（2）对账龄长的应付款项，应查明原因，并及时作出处理。

2. 应交税费的清查

按照应交税费的种类编制清查表。确定应交税费的计算与核算是否正确。增减变动的记录是否完整。及时将应交税费上交有关税务、财政等部门。

3. 短期借款的清查

（1）检查各笔借款明细是否正确。

（2）检查各笔借款手续是否经过企业主管单位正式核准。

（3）检查各笔借款偿还明细计算是否正确。

（4）偿还方式是否依据借款时既定方式偿债。

4. 应付票据的清查

（1）应付票据明细是否正确。

（2）应付票据之签发是否为正常营业行为所产生。

5. 交易性金融负债的清查

（1）检查各笔业务明细是否正确。

（2）检查各笔业务手续是否经过企业主管单位正式核准。

（3）检查各笔业务偿还明细计算是否正确。

（4）偿还方式是否依据业务发生时既定方式清偿。

6. 其他应付款的清查

（1）其他应付款明细是否正确。

（2）按照其他应付款项的账龄及余额的构成编制清查表。

7. 预收货款及暂收款的清查

预收货款明细与实际成交契约相对照，预收货款的收款情况是否正确。

8. 长期借款的清查

（1）负债金额及偿还时间是否在一年以上，一年内应付长期借款是否转入短期负债。

（2）应付利息应进行调整分录。

9. 其他负债的清查

其他负债的清查可参照上述有关清查内容、方法和步骤进行。

十五、所有者权益的清查

1. 企业应根据资产负债表所反映的数额，按照不同的投资渠道逐一核对、查实、登记，同时把各项资本金按国家资本金、集体资本金、法人资本金、个人资本金、外商资本金、待转资本金等进行登记，并核实各项资金的占有情况。

2. 所有者权益的清查重点在于资本金到位情况；对产权归属不清或有争议的，要重点登记，按规定程序重新界定。

十六、财产清查中的其他问题

1. 盘盈资产的定价方法

有公允价值的以公允价值计价，没有公允价值的按重置成本计价。

2. 企业抵押担保资产及涉及法律诉讼资产的清查

（1）对于企业存在的抵押、担保、涉及法律诉讼的资产，应取得相关合同、协议、法律诉讼文书等相关资料，将其归入所在资产科目进行登记、清查。

（2）逐项查明抵押资产名称、净值、抵押原因、期限、因抵押取得的相关资产项目、金额、状况等，评估抵押的潜在损失及实际损失，并按其所在资产科目的清查要求处理损失。

（3）逐项查明担保项目、条件、责任、期限、担保金额，了解、分析被担保企业的经营状况、资金状况、偿债能力；评估担保风险及预计损失，对实际已承担的责任及造成的损失，按其所在资产科目的清查要求处理损失。

（4）逐项分析法律诉讼案件的诉讼项目、原因、状况，分析预计的诉讼损失，查明已存在的损失，并按其所在资产科目的清查要求处理损失。

（5）其他或有事项的清查，应根据事项的性质索取相关资料，判断是否存在损失，并比照相关科目的清查方法进行处理。

会议管理规范

一、会议的作用及分类

会议是人们为了解决某个共同的问题或出于一定的目的聚集在一起进行讨论、交流的活动，是一种重要的沟通手段。会议已成为企业最常用的沟通交流及工作方法。

按照会议目的来分，常见的会议可分为决策会、讨论会、通报会、学习会。

二、会议管理的目的

1. 会议管理是为了保证会议的正常进行并提高会议的效率，而对会议的筹备、组织、保障等工作的一种科学的规范。

2. 会议管理解决企业两个问题：开哪些会；如何开会。

3. 会议已成为企业低效率的重灾区。企业会议管理中的常见问题如下。

（1）会议体系不合理造成不必要的会议。

（2）参会人员不合理，一些非必要的甚至无关的人员被迫参与会议。

（3）会前准备不到位。

（4）会议目的不明确。

（5）会议缺乏议事规则。

（6）缺乏保证会议成果的有效形式。

三、提升会议效率的方法

1. 建立会议体系

（1）按开会周期，将会议分为日会议、周例会、月度会议、季会议和年会议。

（2）按会议内容，将会议分为战略类会议、产品审核会议、投资审核会议、培训学习会议、分享交流会议等。

（3）明确会议的原则，优先安排固定时间、不可变更的关键会议。

（4）合并会议，减少会议频次。

（5）合理安排突发性会议。

（6）编制全年会议计划。

2. 做好会议前的准备工作

（1）确认会议的必要性。

（2）确定会议议程，议程中至少应该包括：会议的目标、要讨论的主题、会议的基本程序等。会议的议程包括会议主题、分主题、分配给每个分主题的时间、会议需要达到的效果等。

（3）科学确定参会人员。确定参会人员要重点关注以下问题：

①会议由谁参加。

②我们需要谁的加入。

③谁是决策者。

④为了推动会议进行，我们需要谁的支持。

（4）确定参会人员角色。会议所必需的角色如下：

①主持人。

②计时员。

③会议记录员。

④一般参与者。

（5）安排会议的时间和地点。

①在会议时间安排上需要考虑何时召开会议、会议持续多久的问题。

②会议地点的选择应考虑的因素：会议的规模大小和人数多少、交通是否便利、是否不受外界干扰、是否有足够的停车场、是否有必要的会议设备等。

（6）发放会议通知。会议通知内容如下：

①会议性质。

②会议主题。

③会议时间。

④会议地点。

⑤会议形式。

⑥参会人员。

⑦准备资料。

⑧会议目标、会议流程和时间要求。

⑨会议信息传达要求、会议执行情况和信息汇总等内容。

（7）参会人员做相应准备工作，参会人员应在会议开始之前阅读与会议相关的材料，充分了解会议的主题、目标。特定会议，参会人员还需要准备好发言的内容或发言提纲。

3. 做好会议过程控制

（1）主持人应履行以下职责：

①主持人负责控制会议议程。

②明确议题的目标。讨论任何议题时都要在会上说明议题的目标是什么、议题内容是什么和为什么要讨论该议题。

③澄清对议题的误解或错误。如果与会者对议题有误解，或使用了错误的

概念，主持人应及时予以澄清。

④控制讨论进程。如果出现了一个议程上没有列出的要点，主持人应征得集体的意见，以确定是否将它纳入会议议程。

⑤主持人应控制讨论。当与会者发言与会议主题不相符时，主持人应及时将其发言引导到会议主题上来。

⑥鼓励与引导发言。对不善言辞、性格内向的人，主持人应鼓励和引导其积极发言；对会议议题有反对意见的人，主持人应引导其客观理性地表达看法。

⑦有效处理意见分歧。当会议出现不一致意见而引发争论时，主持人应对各方观点进行归纳总结，以帮助与会人员厘清思路、把握要点。

（2）计时员应履行以下职责：

①控制会议时间。严格要求准时开会，记录迟到人员。

②控制时间分配。根据会议议程，控制时间的分配；并针对会议的目的把时间放在重点议程上。

③控制发言时间。提醒发言者注意时间，对长篇大论者，应及时中断其发言。

4.做好会议后的跟踪

（1）整理会议纪要，一定要有一个准确完整的会议记录。

（2）追踪反馈，及时准确传达会议决定事项。通过宣传动员，分解任务，互相沟通，操作控制等方法，帮助落实会议决定事项。

（3）对会议决定事项的落实情况进行考核。

第十章 企业管理风险归零防控

企业管理风险归零评估

一、树立全面风险观

企业在经营过程中,其各个方面都可能存在风险,有的在企业外部,有的在企业内部。为了企业长期、稳定、可持续发展,企业必须具备风险意识,树立全面风险观。企业可以运用归零思维,对存在的风险进行归零剖析,根据分析结果制定应对策略。

二、企业风险的分类

1. 企业管理风险是指未来的不确定性对企业实现其经营目标的影响,可分为战略风险、财务风险、营运风险、法律风险。

2. 企业管理风险按照损失和盈利两个方面,还可分为纯粹风险(只有损失)和机会风险(损失和盈利)。

3. 企业管理风险可以细分为:人力资源风险、财务风险、竞争风险、产品开发风险、客户信用风险、外汇风险、欺诈风险、客户信用风险、系统故障风险、投资风险、采购风险。

三、企业风险评估方法

1. 面对企业风险,可以用以下 4 个步骤进行识别与防范。

识别→评估→控制→监控与报告

2.绘制风险地图,通过风险影响程度+风险发生可能性,进行风险分析和评估,根据评估结果制定应对措施。

3.风险地图图例如下。

××××有限责任公司风险地图

风险影响程度+风险发生可能性分析

可能性	没有	轻微	中等	重大	灾难
肯定				A	
极可能			H	C……F	J
可能				B	G
低			D	E	K
较低					

影响程度

通过上图可以看出××××有限责任公司存在的各类风险情况如下。

A. 人力资源风险,肯定会发生,而且影响重大。

B. 财务风险,可能发生,影响重大。

C. 竞争风险,极可能发生,影响重大。

D. 产品开发风险,发生可能性低,发生后影响中等。

E. 客户信用风险,发生可能性低,发生后影响重大。

F. 外汇风险,极可能发生,发生后影响重大。

G. 欺诈风险,可能发生,发生后产生灾难性影响。

H. 客户信用风险,极可能发生,发生后影响中等。

I. 系统故障风险,发生可能较低,发生后影响重大。

J. 投资风险,极可能发生,发生后产生灾难性影响。

K. 采购风险,发生可能性低,发生后产生灾难性影响。

则××××有限责任公司要重点关注A、B、C、F、G、J五大风险,应对风险进行分析，制定管理预防措施。

4.通过企业风险地图分析，企业要重点关注发生级别在可能及以上，影响力在重大及以上的风险。对于发生可能性小，但是发生后影响重大的也要引起重视。

5.企业可以用以上地图分析法自查，也可以聘请专业机构帮助协查，并制订预防方案。

企业风险三级防控

企业的经济利益有三道防线在防控，从外到内分别为业务部门、财务部门、审计部门。

企业的利益相关者（客户、供应商、合作单位、员工等）通过交易或服务行为，从企业获取利益，为了防范企业利益受损，就要针对三道防线，分别布控。

企业风险防控示意图如下。

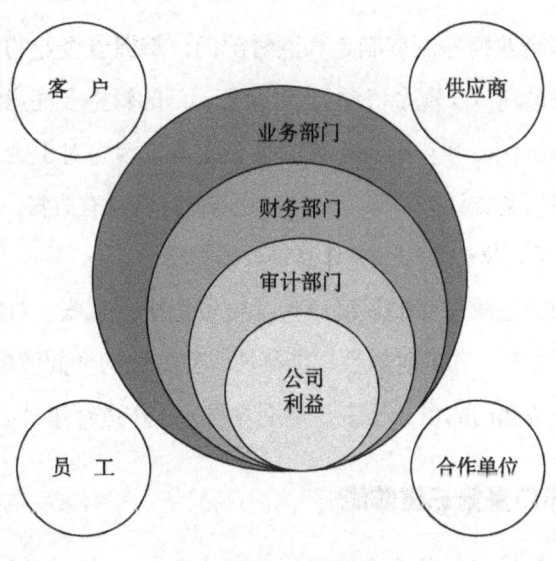

一、业务部门是第一道防线

业务部门主要是指代表企业直接和外部机构或个人开展业务关系的部门，一般企业主要包括采购部门、销售部门、技术服务部门、客服部门、人力资源部门等。

企业利益要流出企业，必须经过业务部门，所以说业务部门是企业利益防范的第一道防线，为了保护企业经济利益，首先就要加强对业务部门的监督与管理，对于业务部门的管控，要注意以下几点。

1. 加强对合同的管理，包括合同的签订、审核、执行的全过程管理。

2. 加强对业务部门的财务管理，包括定期与客户及供应商对账，定期催收欠款，定期分析各部门的业绩及贡献等。

3. 完善对业务部门的管理制度，定期检查制度的执行情况。

4. 梳理、固化业务流程，防止出现系统漏洞。

5. 加强对业务部门的人力资源管理，对于人员绩效、职业操守等定期进行考核评估。

二、财务部门是第二道防线

财务部门是企业财务制度制定和监督部门，掌握着企业的神经系统（即财务信息）和血液系统（即现金资源），对财务部门的管控要注意以下几点。

1. 重视财务部门、强化财务部门的人员配置，因为对于企业健康、稳健运行来说，财务部门是监督控制部门，对企业整体经营具有监督、监察的职责，所以一定要注意财务力量的发挥和整体监督权力的授予。

2. 加强对财务基础工作的调度，包括财务记账、结账、对账、财务报表报送、财务分析汇报等工作的时效性、准确性、完整性的全面管控。

3. 加强对财务部门的审计检查，定期对财务工作进行审计。

三、审计部门是第三道防线

审计部门一般只对财务工作发表独立审计意见，对审计部门的管理要做到以下几点。

1. 授权充分，在企业董事会（或董事长）的授权委派下开展工作。

2. 审计人员综合能力要强，能深入经营过程，了解企业运营，明晰企业管理。

3. 给予特别权力，能够独立发表审计意见。

四、要明确企业风险防范的逻辑关系

1. 对于企业核心利益的防范程序是，业务部门控制外部风险、财务部门监督业务部门、审计部门监督财务部门，最终通过多层次的相互监督控制来保护企业的核心利益，防范经营风险。因此，一定要保护审计部门的独立性和财务部门的独立性。

2. 对于审计的独立，就表现为在日常管理中，审计不参与任何经营过程，只对财务结果发布独立审计意见。

3. 对于财务的独立，就表现为，财务只经办和财务业务相关的业务环节，不参与具体经营业务的经办，不跨部门与企业的外部人员产生业务联系（除银行、税务方面必须由财务部门开展的工作外）。

4. 企业要规范管理防控风险，就要分清管理监督层级，要建立层层递进的防范体系。

后　记

　　管理之道，在于运用，在于真抓实干，在于狠抓落实。我经常说："光说不练假把式，管理是打出来的，不是说出来的。"我们要敢于直面问题，敢于硬碰硬，敢于以结果为导向，希望企业家能正视问题，痛下决心，全力以赴，打造自己企业的管理体系。

　　企业的管理能力是企业的软实力，如果电脑没有软件，就是一堆废铁；如果汽车没有制动系统，就是一个危险的炸弹；如果人没有思维，就是一棵植物；如果地球没有太阳的引力，地球也不复存在。有形的物体固然重要，但是没有无形的规律、思想、程序进行控制，它也无法发挥作用。很多企业在土地、厂房、设备、车辆等方面投资从不吝惜，而在管理上的投资却极为有限，这本身就是舍本逐末。

　　企业的管理体系，形成企业的结构模式，结构模式影响行为。当置身于同一系统中时，人们无论有多大差别，都倾向于产生相似的行为结果，它塑造了人的行为，它创造的条件使各类事件得以发生。如果您企业的流程不顺，员工离职率高，高层管理者不稳定，来一个，走一个，这个时候就不是人的能力的问题了，这就是您企业管理系统存在问题的信号，您就要在管理体系的建设和优化上有所投入了。

　　管理系统搭建的目的是为企业长盛不衰服务，尽可能完善的工作流程和强大的纪律文化远比发展的速度更重要。良好企业的特征有：注重行动、精简的结构和干练的员工、与客户保持接触、通过人的因素提高生产力、授予经营主动权以激励企业家精神、强调某一重要的企业价值等，如果您的企业都不具备这些特征，那么企业的长盛不衰就是一句空话了。管理大师彼得·德鲁克在

《卓有成效的管理者》一书中说:"一个平静无波的工厂,必是管理上了轨道,管理好的工厂,总是单调无味,没有任何激动人的事件。"而如果您总是焦头烂额、疲于应付、"按下葫芦起个瓢",那就是企业管理存在严重问题的信号,您就需要找专业的咨询机构进行咨询了。

企业的管理系统,就是企业治理的工具体系的总和。当我们要运输物资,找来了叉车工,我们就要为他配备一辆叉车,因为叉车是他的工具,他不可能用手去运输;当我们找来了一个设备维修工,我们就会为他配备一把扳手,因为扳手是他的工具。那么,当我们配备了各层级、各部门的管理人员,我们是否为他们提供了管理工具呢?他们的管理工具就是企业的文化、战略、组织架构、分权授权、管理制度、业务流程、部门职责、绩效考核以及完善的表格表单等。管理最重要的工作就是专注于建立伟大的团队,如果您雇用了所需的人才,为他们提供了完成工作所需的工具和信息,他们就会出色地完成任务。

当一个人向着理想愿望迈进的时候,每一步历程其实都与目标无异,离开历程,目标也就不存在了。企业家实现梦想的过程,就是企业经营管理本身,管理伴随企业终生,管理就在当下,"坐而论道,起而行之"。稻盛和夫先生说:"现场有神灵。"希望企业家在读完这本书之后,尽快回到您的企业,来到您的车间,回到您的员工中间,针对问题,一个一个地去研究、去规划、去建设、去执行。

企业家曹德旺在《心若菩提》一书中说:"人生如戏,戏如人生。我用四十年时间创业,白手起家,从零开始,创建了一家深具影响力的制造业跨国集团。深究成因,唯有一条哲理,由两句话组成:一曰入戏;二曰入角。入戏者,依愿也;入角者,靠信也。"我深有同感。多年前我创办了柏涵管理咨询,我非常庆幸,在企业注册的第8天,我就签约了第一个咨询项目,在接下来的这几年中,我和企业30多位咨询师共计为100多家企业实施了全面咨询落地辅导,共计召开管理咨询培训上百场,受众企业家上万人。在这些年的咨询辅导过程中,我对企业家的痛苦、无助、失败和孤独感同身受,深知企业家的不易。为了完成此书,两年以来我几乎每天晚上书写到深夜,并经过10多次修订,但是我不知疲倦,明白它背后的意义。在企业的发展道路上,我并不认为我是一个咨询老师，我认为我是一个参与者、践行者、见证者。正如曹德旺所说："我不一定是剧中的主角，但是我演好了我的角色。"

　　我所从事的管理咨询落地辅导是一个大爱的事业，是一个帮助别人成就事业的事业，是个良心活儿，咨询辅导产出的是无形的知识，靠的是专业度和敬业的精神。落地辅导是个苦差事，把科学而高深的理论用于实践，是一个漫长而艰辛的过程。但是，帮助广大企业搭建管理系统并落地实施，是我毕生的事业；实现柏涵管理咨询助力企业转型升级、服务国家强国战略的企业使命，是我和团队毕生的追求。我将一直在路上，"以菩萨心肠，行霹雳手段"，与千千万万的企业家一起守望中国企业的美好未来，守望国家的繁荣昌盛。

　　此为后记。

2021 年 4 月 3 日深夜
高宏斌　于甘肃庆阳罗川古城

参考文献

[1][日]稻盛和夫.活法.北京：东方出版社，2012.

[2][美]拉塞尔（Rasiel, E. M.）.麦肯锡方法.北京：机械工业出版社，2009.

[3]仇景阳.奋进：讲责任/话职业/求提升.北京：中国工人出版社，2019.

[4]冠良.任正非谈管理.深圳：海天出版社，2009.

[5]孟森.企业自动运行系统：中小企业快速增长必经之路.北京：清华大学出版社，2019.

[6][美]彼得·圣吉（Senge, Peter. M）.第五项修炼.北京：中信出版社，2011.

[7][日]稻盛和夫.稻盛和夫的实学：经营与会计.北京：东方出版社，2013.

[8][日]德川.造物先造人：松下幸之助的经营哲学与做人理念.北京：企业管理出版社，2007.

[9]胡八一.中国式阿米巴落地实践之从交付到交易.北京：企业管理出版社，2017.

[10]吴晓波.激荡十年，水大鱼大.北京：中信出版社，2017.

[11][美]阿米尔·阿克泽尔.寻找零的起源.上海：上海科学技术文献出版社，2020.

[12][美]布里克利，[美]史密斯，[美]齐默尔曼.管理经济学与组织架构.北京：人民邮电出版社，2014.

［13］王旭东.企业文化落地：路径、方法与标杆实践.北京：电子工业出版社出版，2020.

［14］水藏玺.业务流程再造（第五版）.北京：中国经济出版社，2019.

［15］贺清君.绩效考核与薪酬激励整体解决方案（第三版）.北京：中国法制出版社，2018.

［16］杨宗岳.企业内控管理制度与表格典范.北京：企业管理出版社，2020.

［17］［美］杰弗瑞·莱克（Jeffrey Liker）.丰田模式：精益制造的14项管理原则.北京：机械工业出版社，2020.

［18］［美］彼得·德鲁克（Peter F. Drucker）.卓有成效的管理者.北京：机械工业出版社，2019.

附 录

本书有大量原创性理论与实践，以管理思维引领，以实操方案落地，在强调资源优化配置的今天，具有很强的现实意义。同时本书也是一本实践手册，从管理的角度给出了切实可行的建议，有着很强的实践指导意义，是难得的佳作。

——上海有华实业有限公司董事长　陈玉华

高老师在为我公司开展管理咨询辅导的时候多次讲授归零思维，根据高老师的指导，我公司运用归零思维对企业进行了全面管理规范，这几年企业管理水平不断提高，企业效益不断增长。本书的出版发行，必将推动更多企业的快速发展。

——沙沟香油集团董事长　李守军

一本为企业转型升级准备的好书，能让企业在发展的不同阶段找到适合自己的发展思路和管理方法。

——中国中铁一局中南区域指挥部市场部总经理　郭高平

这是一本值得细读和学习的工具书，企业家要系统思考、系统运用，才会基业长青。

——深圳航天科创泛在电气有限公司副总经理　任立波

本书为企业管理者提供了科学的管理思维，为管理者总结出了管理实践中的核心问题、疑难问题，内容涵盖管理工作的所有环节。语言朴实，容易理解，真诚希望广大创业者，认真阅读，助己发展。

——陕建陕西华山建设集团有限公司第八工程公司副总经理　朱习章

授人以鱼不如授人以渔，本书是企业管理思维的指导书，也是企业管理运营的工具书，必将为推动企业管理水平、提升企业竞争力、增强企业盈利能力、促进中小企业快速成长发挥巨大作用。

——河北吴桥乐山乐水文化运营有限责任公司董事长　崔冉冉

本书帮助读者一一清扫各个管理节点的障碍，帮助读者列举和解决管理工作中的高频困难问题，辅以实战案例，提供了解决方案。

——艾伽盾科技（浙江）有限公司总经理　吕德猛

在柏涵管理咨询公司举办的公开课上，第一次听了高老师讲课，从此也认识了高老师。高老师知识渊博，为人诚恳，我公司后来聘请高老师开展了企业管理全面咨询辅导，为企业的快速发展奠定了基础。高老师是企业管理咨询行业难得的实战人才，此书的出版，将为广大中小企业指引前行的方向。

——山东信尔建材科技有限公司董事长　吴玉迎

青岛立昌达作为一个快速发展的企业，在前进的道路上能得到高老师及柏涵管理咨询团队的帮助，深感荣幸，高老师多次运用归零思维提供指导，使我和团队受益匪浅，希望大家能拥有此书，精读此书。

——青岛立昌达国际供应链有限公司董事长　石　勇

本书理论构筑科学，结构严密，针对企业家关注的问题，给出了答案，并对管理的难点进行深入阐述，闪耀着思想的火花，是一本起点高、实用性强的好书。

——北京海格博顿研究院有限公司董事长　程晓华

高宏斌老师常年为企业开展管理咨询落地辅导，本书的理念、方法和案例都来自企业落地辅导的实践，内容通俗易懂，方法活学活用，此书值得详读。

——山东金道科技有限公司董事长　平振宝

在企业管理进入迷茫的时候，归零思维一定可以给您提供指引，这一点我深信不疑，如果您找不到管理的头绪，那就快看此书吧。

——中石化第五建设有限公司海外分公司外事部部长　杨　龙

中小型企业发展过程中会遇到很多问题，诸如发展方向问题、内部管理体系问题、团队建设问题、企业文化问题等，本书给出了非常具体、实用、落地的解决方案，值得企业界人士通读。

——山西潞安化工集团工程有限公司肯尼亚分公司经理　杨西斌

本书是作者多年实际企业管理和落地辅导经验的系统总结，针对企业存在的问题提出了详细解决方案，具有很强的实际操作应用价值，一定会给广大经营管理者带来启发。

——北京海纳博睿研究院有限公司董事长兼总经理　盛元平

高宏斌先生是我多年的朋友，也是我的良师，每当遇到管理中的难题，我总是第一时间向他请教。拜读老友新著，不禁心生欣喜，该书理论自成系统，角度独特，内容翔实，具有解决企业现实问题之"参考手册"功能，我强烈推荐。

——成都维德医疗器械有限责任公司副总经理　毛闵群

高宏斌老师理论功底深厚，又具有丰富的管理经验，常年致力于企业管理系统搭建与落地咨询，并开展管理理论的研究，著述颇丰，着实令人敬佩。本书兼具理论高度与落地深度双重优势，值得企业家学习。

——山东丰乔管理咨询有限公司董事长　英　武

这本书很适合广大中小企业的高管和部门经理阅读，日常经营管理中碰到的问题，几乎都可以从中找到解决方案。

——甘肃邦卓项目管理咨询有限公司总经理　柳　常

社会分工越来越细，人们对产品的质量要求越来越高，粗放、传统的企业经营模式将逐渐失去竞争力，只有运用科学规范的管理方式才能让事业长青。本书精准地诠释了科学管理的理念——归零管理，值得管理者借鉴。

——天元同泰会计师事务所副所长　李培堂

本书以思维理论开篇，以管理方法为核心，以管理实务重点，解决了企业管理从理念到落地的全系统问题。

——山东东宏管业股份有限公司财务总监　景怀涛

我与高宏斌先生是多年好友，他是一位令人尊敬的资深咨询辅导老师和有担当有大爱的企业家，他的修为和德行让我非常敬佩，我们经常交流管理心得，相互学习，相信本书一定会得到众多企业家的青睐。

——中化山东肥业有限公司财务总监　田泽波

本书是作者多年经营企业、辅导企业总结出来的经验的精华，简单、实用、落地、有效，而且语言朴素、平实，作为管理学著作读起来轻松自如、津津有味，一点也不枯燥。

——山东钢铁集团日照有限公司中厚板厂主管　秦小宝

归零思维能给企业指明方向,能使企业管理规范化、系统化、科学化。

——上海陛麟人力资源有限公司招聘经理　江慧萍

在竞争日益激烈的大环境下,企业发展到一定规模后,管理上会遇到瓶颈。高宏斌老师的这本书,给了我们非常明确的指引,坚持阅读,坚持运用,企业一定会受益。

——山东金秋园田生物科技有限公司财务总监　周　涛